AF618549

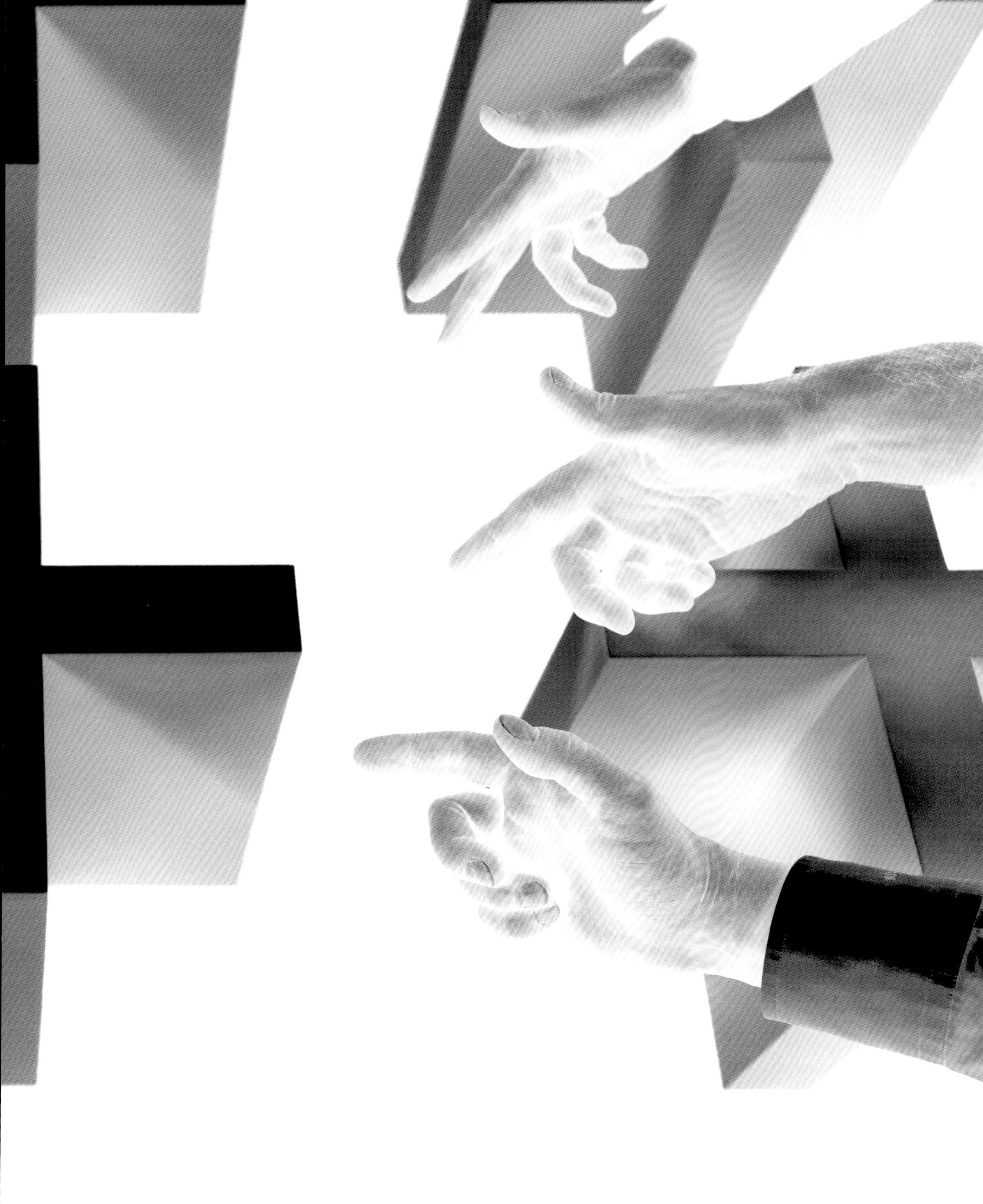

KONSORTIUM

TRIUMVIRAT

DIE ESSENZ EINER KÜNSTLERISCHEN ZUSAMMENARBEIT

KONSORTIUM: *Triumvirat* im Märkischen Museum Witten

CHRISTOPH KOHL UND CLAUDIA RINKE

Seit 2004 arbeiten die drei Künstler Lars Breuer, Sebastian Freytag und Guido Münch als Künstlergruppe, Ausstellungsraumbetreiber und als Kuratoren-Kollektiv KONSORTIUM zusammen. Als Verbund gründeten sie 2002 einen Ausstellungsraum in Düsseldorf, in den sie Künstlerinnen und Künstler einluden, um Ausstellungen, Installationen und Interventionen durchzuführen. Neben der eigenen künstlerischen Tätigkeit traten nun auch Fragen der Ausstellungskonzeption und der institutionellen Rahmenbedingungen des Museums- und Galerieraum sowie die gemeinschaftliche Entwicklung von Ideen und Projekten in den Fokus der drei Künstler. So entstand eine beachtliche Anzahl von KONSORTIUM-Projekten, die teilweise – wie in der Tiefgarage unter der Kunsthalle Düsseldorf (*Poleposition*, 2007) oder im Museum Folkwang Essen (*Underground*, 2010) – als Dauerinstallationen noch zu sehen sind. All diese Projekte besitzen eine klare und geometrische Formensprache und führen eine intensive Auseinandersetzung mit der Ästhetik der Moderne und Postmoderne innerhalb der Kunst- und Architekturgeschichte.

Die außerordentliche Leistung der Gruppe besteht in der gemeinsamen Reflektion gesellschaftlicher und kulturhistorischer Phänomene, die eine deutliche künstlerische Sprache aufweist. Obwohl es gesellschaftspolitisch immer dringlicher erscheint, in starken Gruppen künstlerisch hervorzutreten und eine klare Haltung zu zeigen, finden sich Künstlerkollektive nur noch selten. Nach vielen erfolgreichen Projekten von KONSORTIUM war es nun an der Zeit, das KONSORTIUM als Künstlerkollektiv im Märkischen Museum Witten vorzustellen und auf die großzügige Unterstützung der Stiftung Kunst, Kultur und Soziales der Sparda-Bank West zurückzugreifen, ohne die die Ausstellung nicht zu realisieren gewesen wäre.

Im Märkischen Museum Witten hat das Künstlerkollektiv in den sechs Wechselausstellungsräumen die Rauminstallation *Triumvirat* geschaffen, die eine Auseinandersetzung mit der eigenen künstlerischen Arbeit und dem Erbe der Moderne und Postmoderne ist. Hier demonstrieren die Künstler die Essenz ihrer bisherigen Zusammenarbeit. In den sechs Räumen sind zum einen die individuellen Künstlerpersönlichkeiten repräsentiert, zum anderen wirkt die gesamte Ausstellung als Gemeinschaftsarbeit, in der jedes Detail kooperativ entschieden wurde. So ist auch der Ausstellungstitel nicht zufällig gewählt: In Bezug zur römischen Antike bezeichnet der Begriff „Triumvirat" einen Bund dreier Personen, die ein gemeinsames Interesse verfolgen und ihn hauptsächlich zur Durchsetzung politischer Interessen einsetzen. Die Namensgebung erweist sich als eines von diversen Referenzsystemen, auf das sich KONSORTIUM in vielschichtiger Weise bezieht und das die autonome künstlerische Tätigkeit um (kunst-) geschichtliche Bezüge ergänzt. So lässt sich beispielweise die Zahl „drei" als Bezugselement in verschiedener Form in der Ausstellung wiederfinden.

Vorangegangene Künstlergruppen wie beispielsweise die Gruppe B1, die sich 1969 zur künstlerischen Umgestaltung der Bundesstraße 1 im Ruhrgebiet zusammenfand und der parallel eine Ausstellung im Märkischen Museum Witten gewidmet ist, warfen wie auch jetzt KONSORTIUM immer wieder einen sinnstiftenden Blick auf das kollektive künstlerische Arbeiten und auf die Wirksamkeit von künstlerischen Werken im öffentlichen Raum. Während B1 in den späten 1960er- und frühen 1970er-Jahren dem modernistischen Fortschrittsglauben und einer demokratischen Gestaltung der eigenen Umwelt folgend Werke für den öffentlichen Raum entwickelte, reflektieren die öffentlichen Werke der Künstlergruppe KONSORTIUM und deren einzelne Mitglieder eine Zeit, in der das Erbe der Nachkriegsmoderne baufällig geworden, der Glaube an den technischen Fortschritt ins Wanken geraten ist und der öffentliche Raum zunehmend einer neoliberalen Ökonomie unterworfen wird.

Die Wandmalereien und installativen Elemente der Ausstellung sind Referenzen zum eigenen künstlerischen Schaffen sowie zur Architekturgeschichte. In drei Räumen, die jeweils eine geometrische Grundform (Ring, Dreieck und Rechteck) in Weiß auf schwarzem Grund als Wandmalerei zeigen und die in drei Farben – der Grundfarbe Blau, der Nichtfarbe Kupfer und der Mischfarbe Hellgrün – gestrichen sind, verweisen auf die drei Künstlerindividuen und spielen auf wiederkehrende Formen in ihrem Schaffen an. Im ersten Raum begegnet dem Betrachter ein skulpturales Element auf einem Sockel, das Bezug nimmt auf die städtebauliche Vision von Le Corbusier zur Neugestaltung von Paris. Die seriellen Kreuzformen wirken, als wären sie den Grundrissen der Hochhausentwürfe des Architekten entnommen. Im schräg gegenüberliegenden Raum kann man auf einer Museumsbank vor einer Wandmalerei Platz nehmen, die sich ebenfalls auf architektonische Grundrisse bezieht. Hier sind drei Pläne von idealtypischen Architekturen unterschiedlicher Epochen übereinandergelegt: Le Corbusiers *Plan Voisin* von 1925, Andrea Palladios *Villa Badoer* von 1556 und das US-Verteidigungsministerium *Pentagon* in Washington, das in den Jahren 1941 bis 1943 von dem Architekten George Bergstrom gebaut wurde. Neben konkreten Gedanken zu den unterschiedlichen Funktionen und städtebaulichen Bezugspunkten kann der Betrachter hier seinen Assoziationen freien Lauf lassen. Die drei in den Tischvitrinen ausgestellten Materialien Bastaltgestein, Edelstahl und Plexiglas nehmen ebenfalls wieder Bezug auf moderne und postmodernistische Architekturgestaltung. Mit den in der Ausstellung platzierten Elementen Sockel, Museumsbank und Vitrine wird eine Versinnbildlichung von Präsentations- und Repräsentationsformen des musealen Kontextes angestrebt.

Die Ausstellung *Triumvirat* ist keine Ansammlung von heterogenen Einzelwerken, sondern bildet eine Gesamtinstallation aus Wandmalerei und autonomen Gemälden. Der Betrachter kann die Ausstellung als EINE Installation erfahren, die sich über alle sechs Wechselausstellungsräume des Museums erstreckt. Querbezüge zwischen den Räumen, zwischen Formen, gewählten Farben und Materialen können als persönliches Statement der drei Künstler zum ästhetischen Erbe der Moderne und Postmoderne angesehen werden.

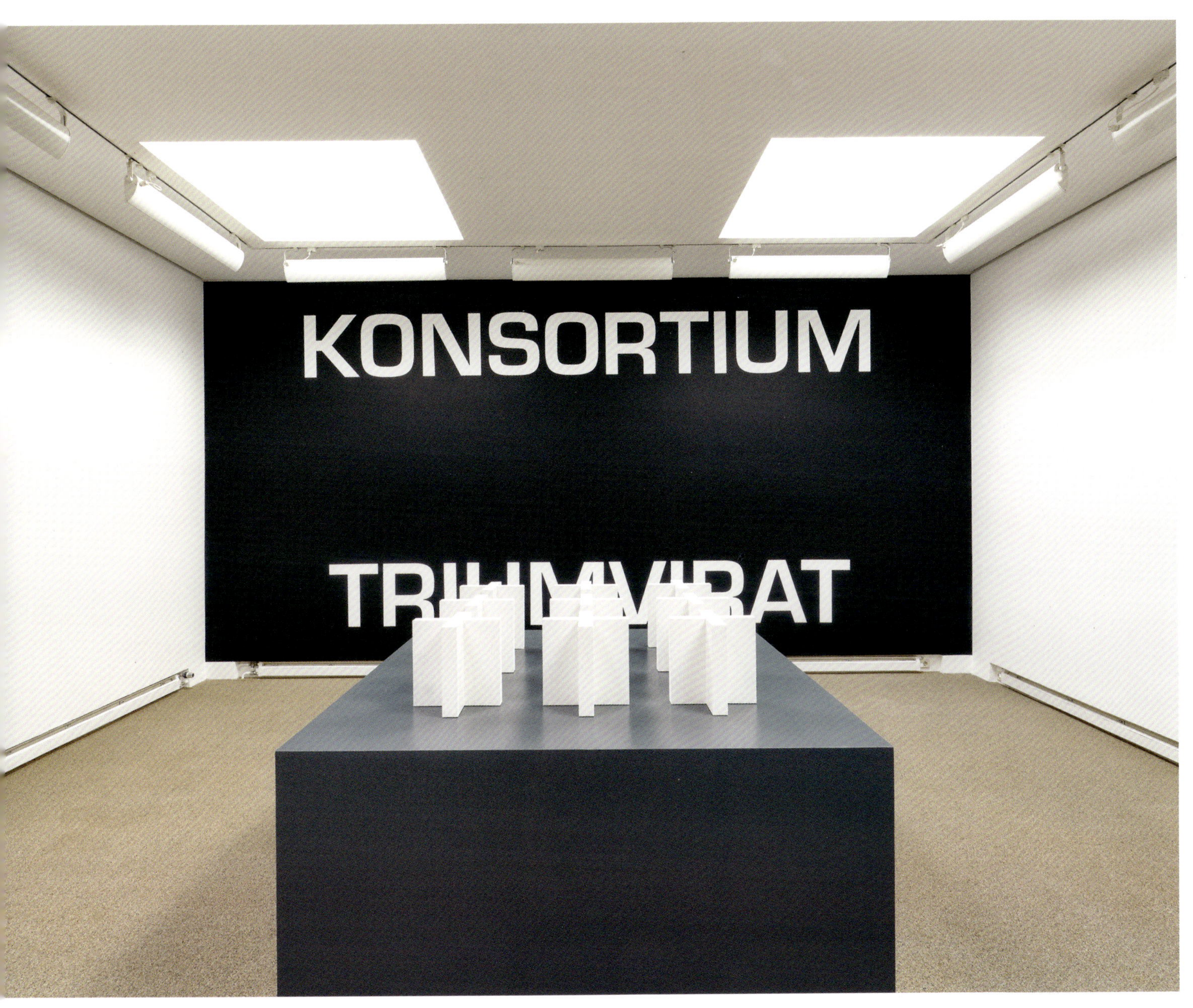
KONSORTIUM

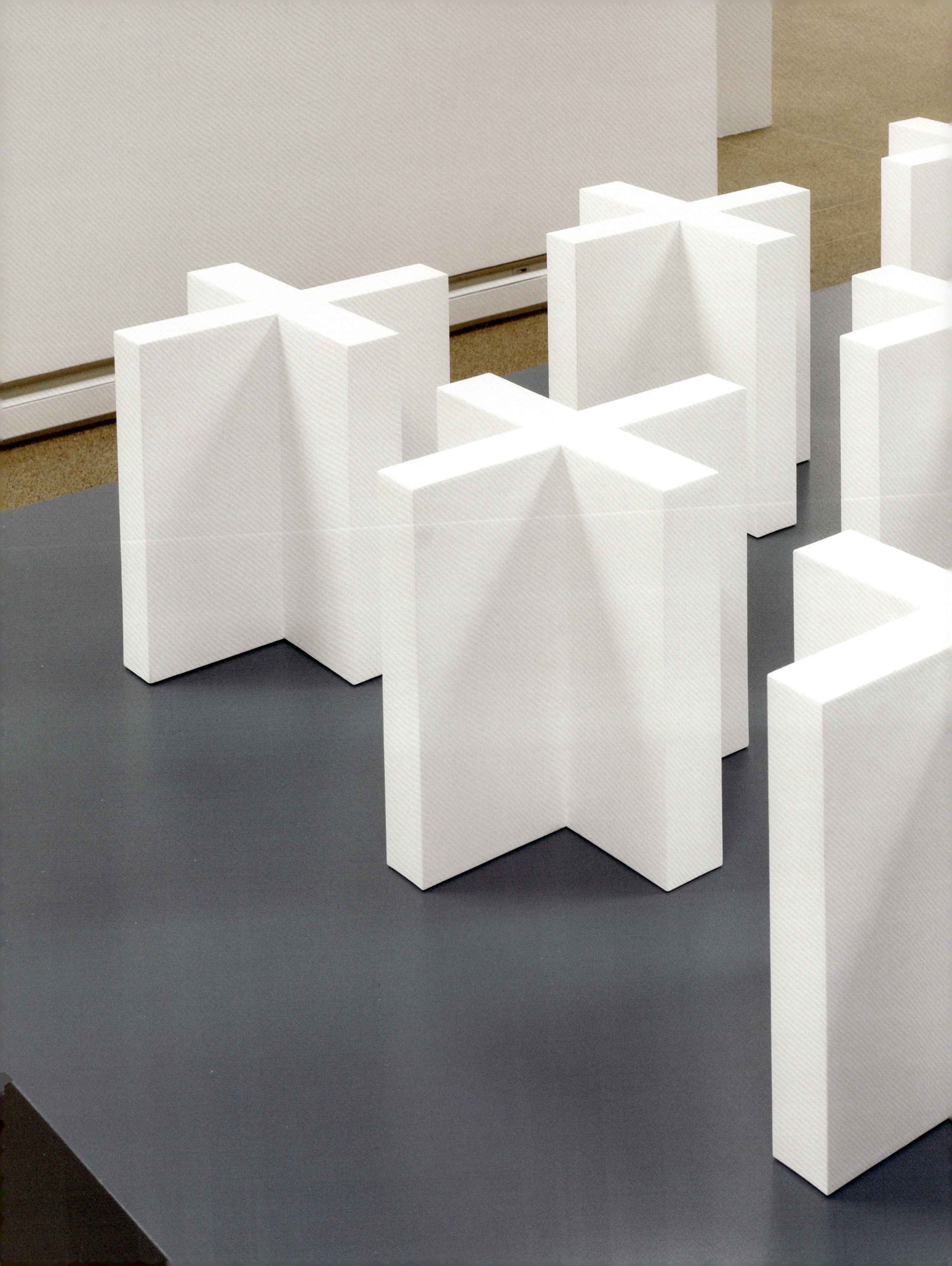

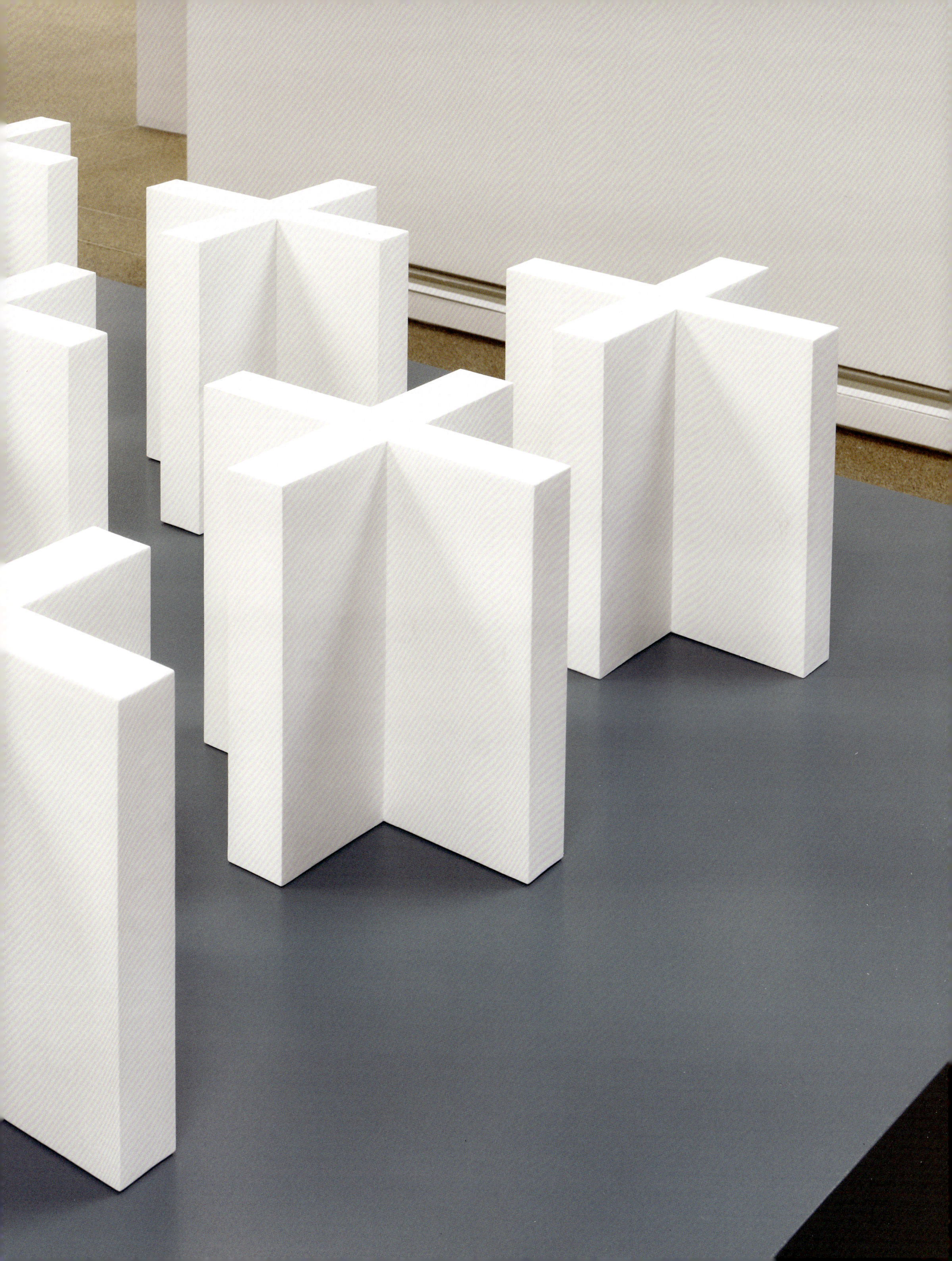

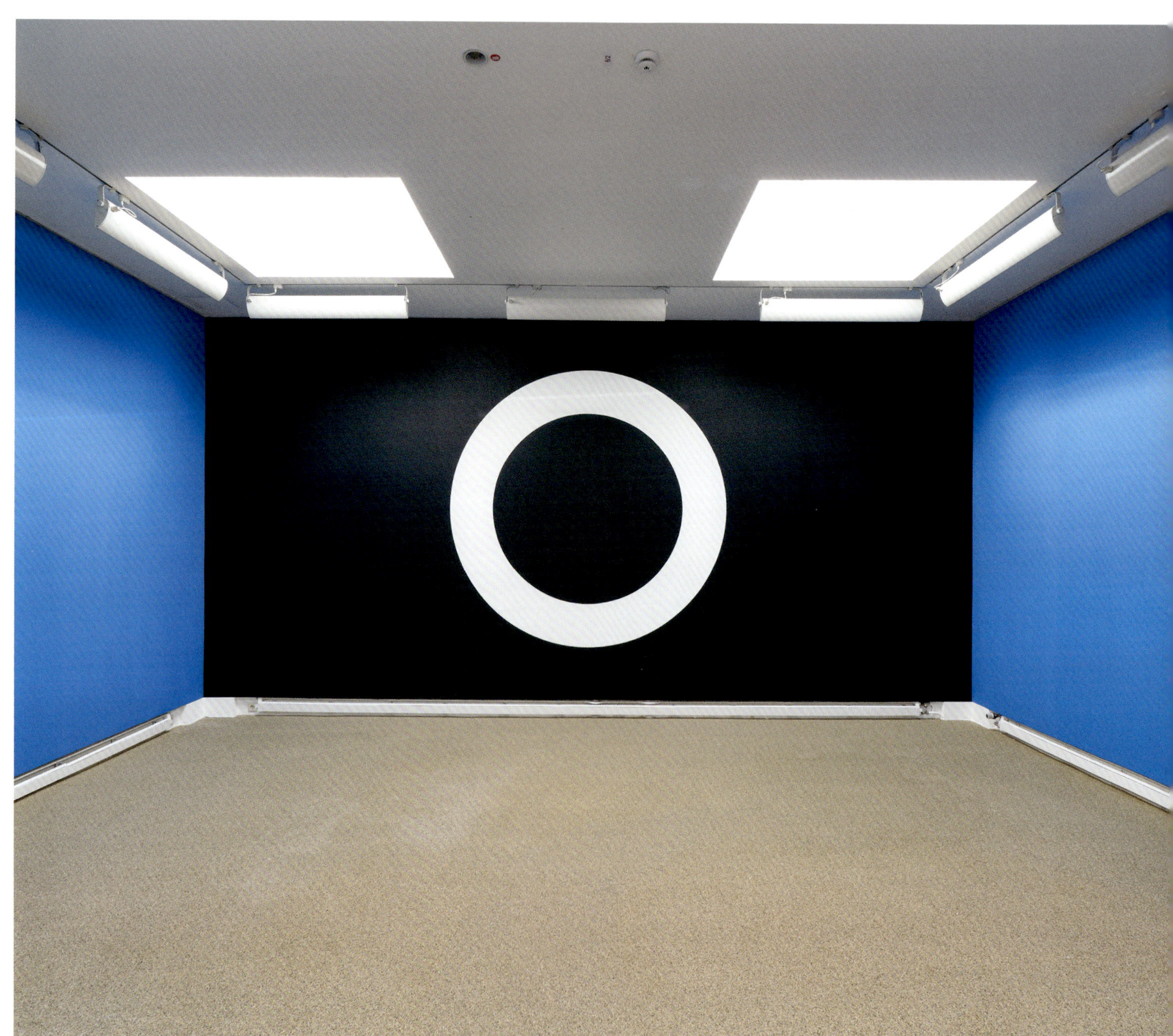

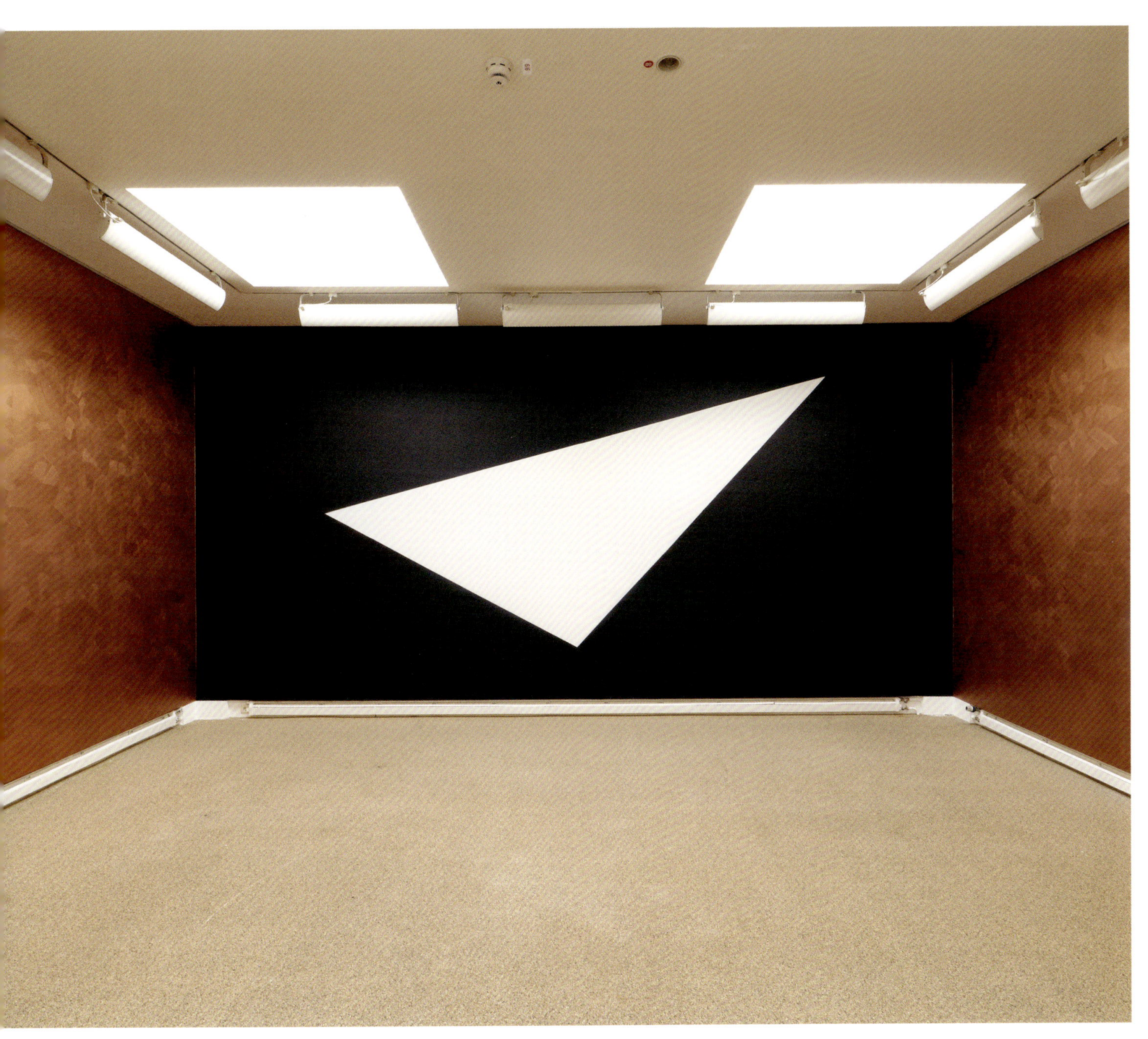

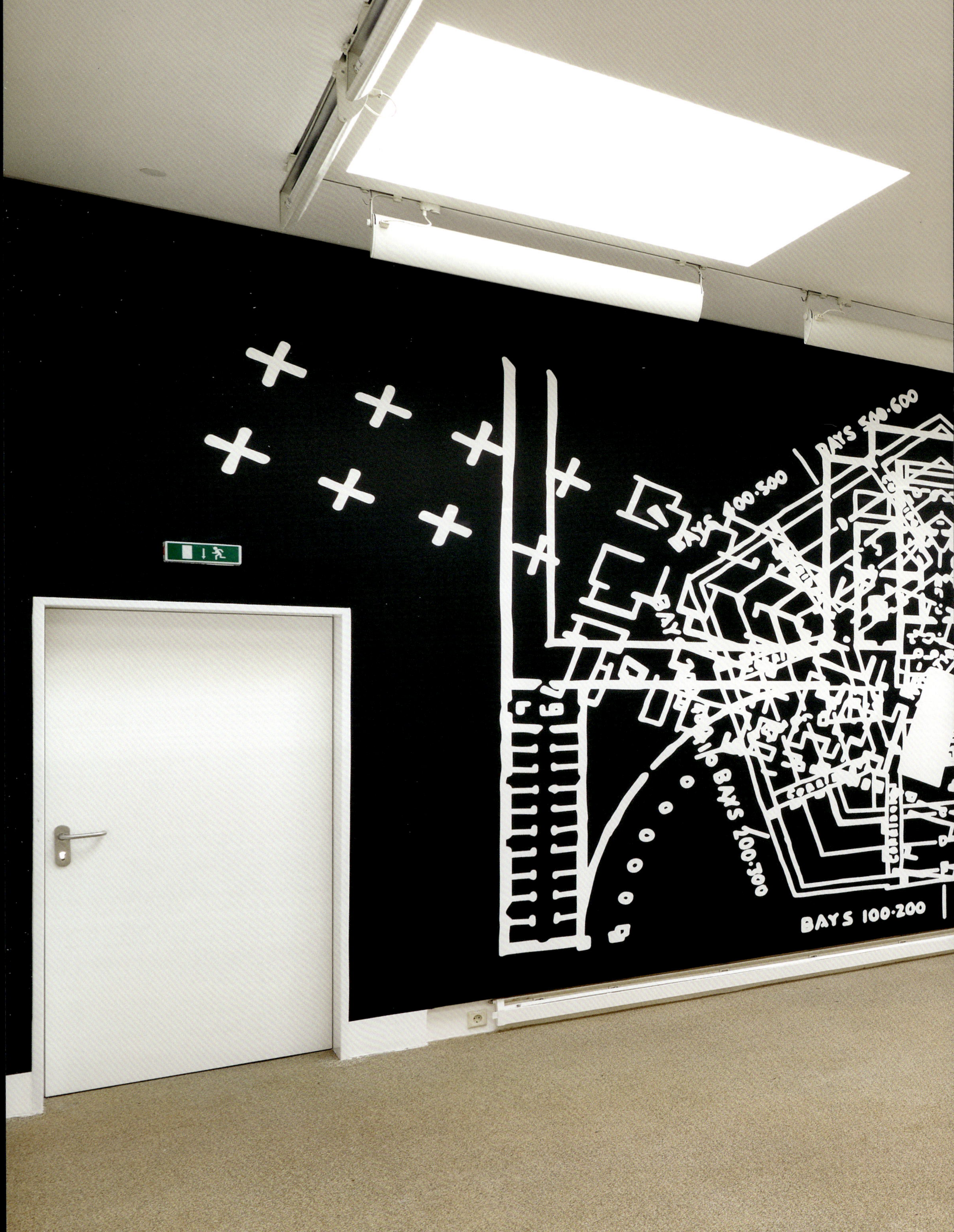
BAYS 200·300
BAYS 100·200

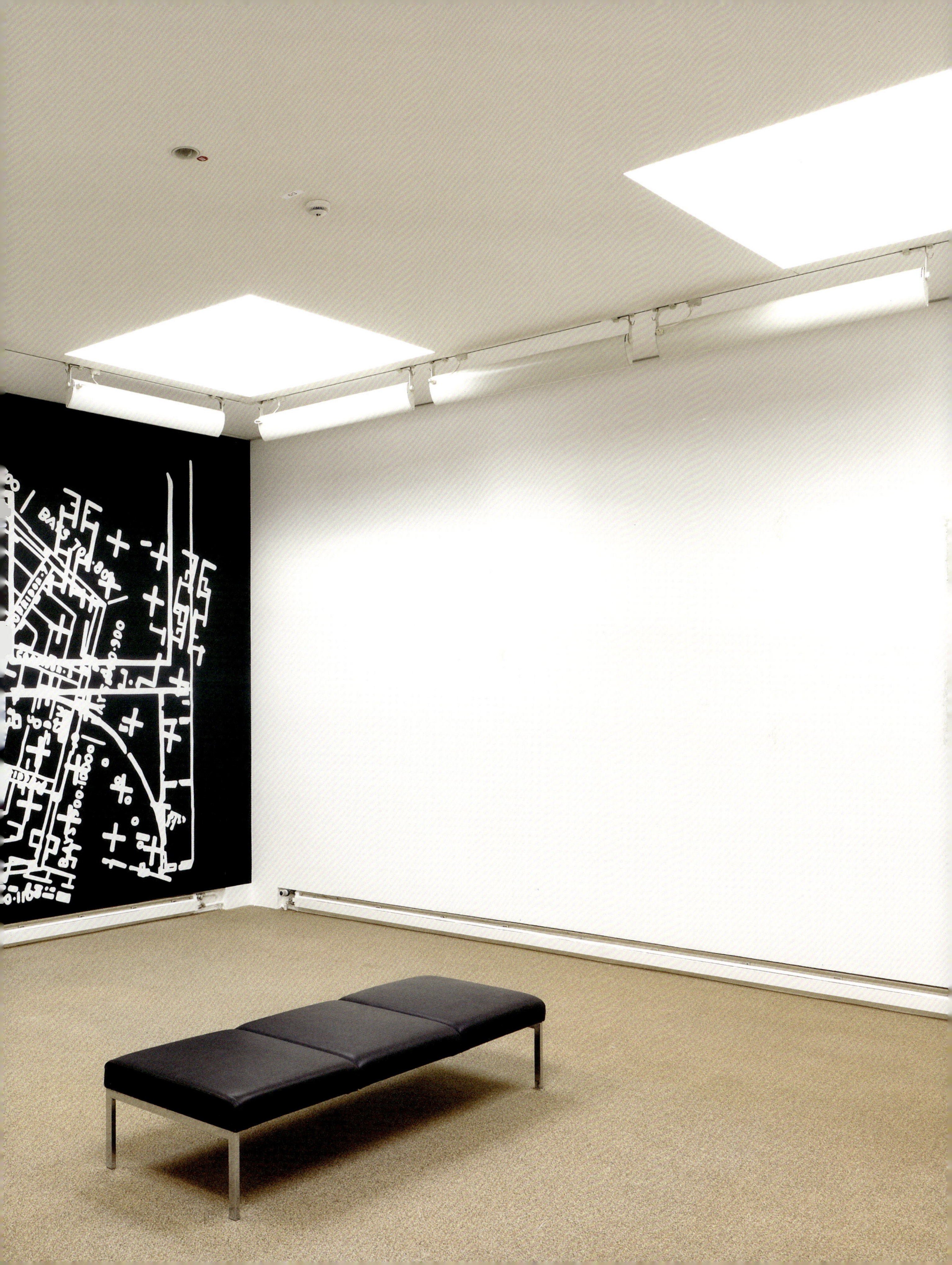

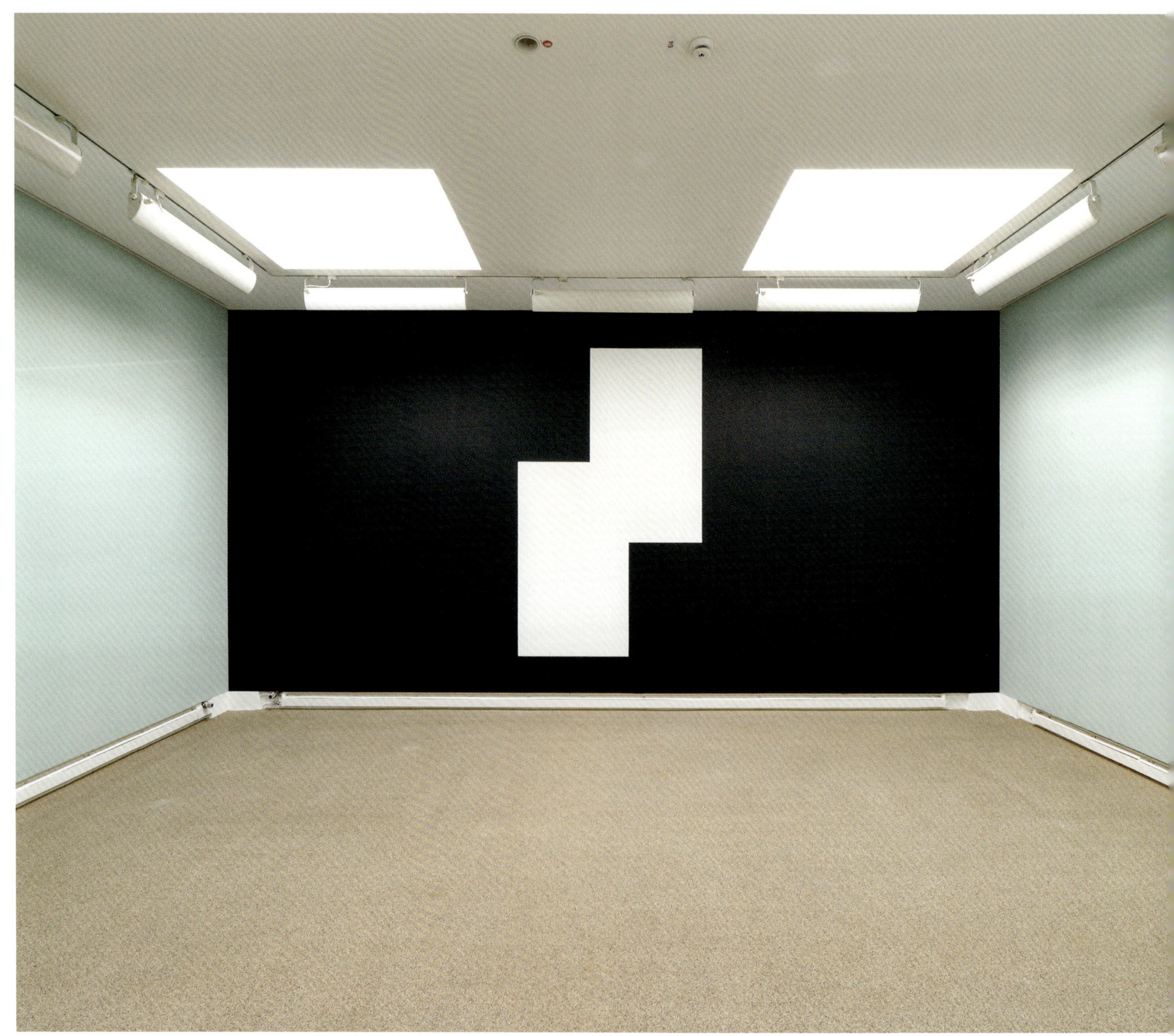

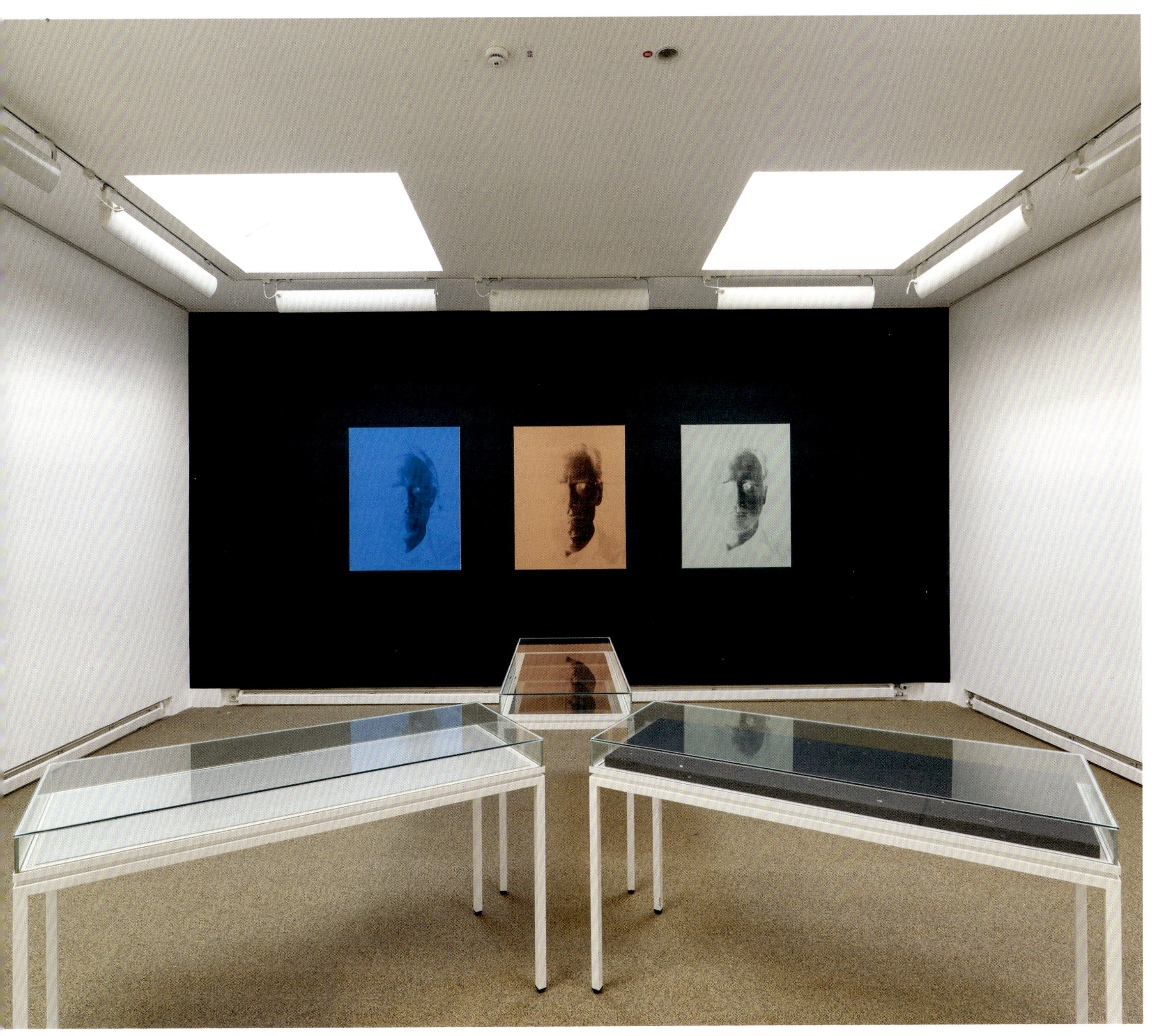

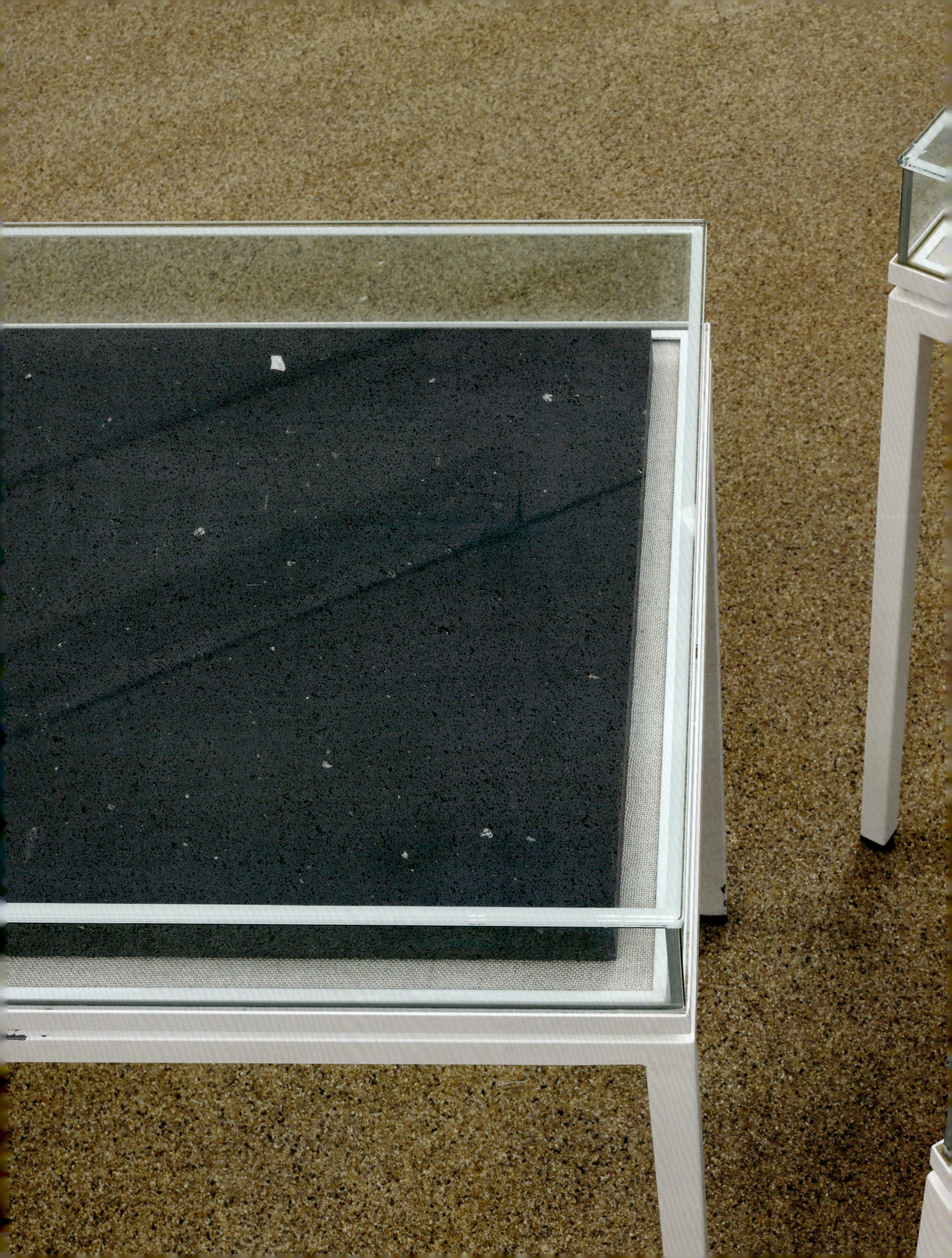

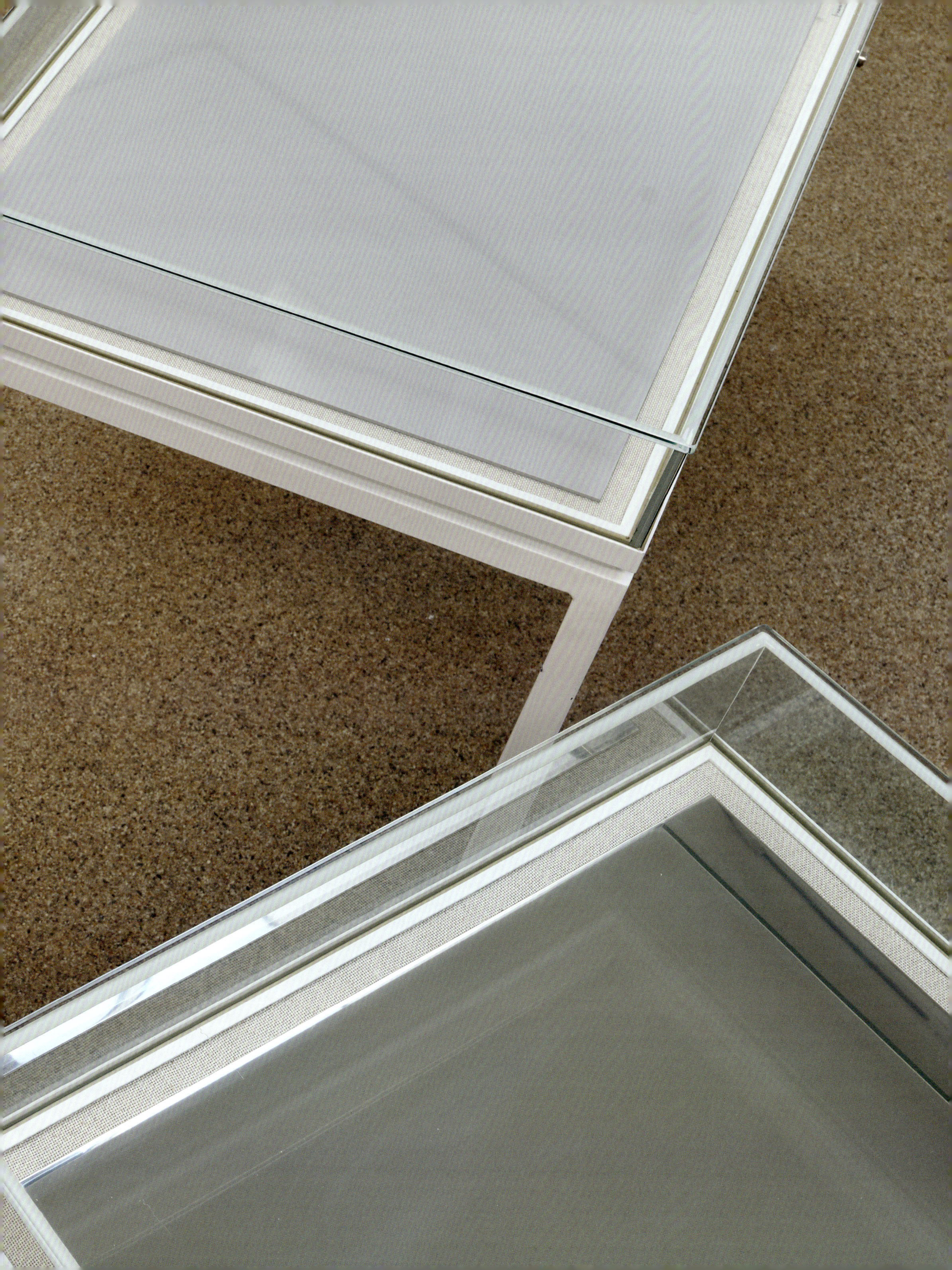

KUNSTBANDS – KOLLEKTIVE IN DER KUNST

MANUELA MEHRWALD

Was in der Musikwelt in Form von Bands selbstverständlich scheint, führt in der Kunstwelt zu unklaren Definitionen. Kollektive werden beschrieben als „loose associations of like-minded individuals working toward a common goal, to rigit, cadre-like, single-minded organizations with a vanguardist, democratic centralism at their heart“[1]. Eigenschaften, die sich grundsätzlich ebenfalls auf Bands in der Musik übertragen ließen.

Wie kann es dann sein, dass das kollektive Miteinander einer Musikband keineswegs hinterfragt wird, in der Kunstwelt hingegen für Irritation sorgt? Sobald mehr als eine Person ein Kunstwerk kreiert, steht die Frage nach der Autorschaft im Raum. Könnte es daran liegen, dass in einer Band jedes Mitglied ein Instrument spielt, welches somit klar dessen Rolle innerhalb der Band definiert? Wie ließe sich in einem Künstlerkollektiv eine Rolle durch ein weiteres Objekt bestimmen? Was wäre das für ein Objekt? Letztlich kommt es bei einer Band auf das Musikstück an und den Zusammenklang der einzelnen Instrumente. Ist dies nicht ebenso der Fall bei einem Kunstwerk, das am Ende entsteht? Wenn Kollektive in der Musik Bands sind, was sind dann Kollektive in der Kunst? Kunstbands?

Wenn man das zum Anlass der Ausstellung *Triumvirat* in Witten entstandene Plakat von KONSORTIUM betrachtet, lässt sich der Eindruck eines Albumcovers kaum vermeiden. Zu sehen sind die drei Künstler Sebastian Freytag, Lars Breuer und Guido Münch (von links nach rechts), deren Profile jeweils stark ausgeleuchtet vor schwarzem Hintergrund dramatisch in Szene gesetzt sind. Ein Bild, das sich unbemerkt neben Cover von Bands wie Kraftwerk (Düsseldorf, 1970) oder auch dem Titel entsprechend der Kölner Rockband Triumvirat (1969) stellen ließe. Der Grund für diese bewusste Selbstinszenierungen des Kollektivs begründet die Kunsthistorikerin Sabine Maria Schmidt mit KONSORTIUMs „anarchische[r] Freude am Zitat“[2]. Die Kunsthistorikerin Ursula Ströbele führt weiter aus: „Ihr *Leitfaden*, wenn man ihn denn so nennen möchte, basiert auf kunsthistorischen, kunsttheoretischen und philosophischen, auch literarischen, musikalischen und populärkulturellen Quellen, Phänomenen, Motiven. Diese *alten Meister* werden nicht direkt kopiert, sondern als Basis und Verortung für das eigene Denken herangezogen.“[3]

Kennengelernt haben sich die Künstler an der Düsseldorfer Kunstakademie. 2004 gründeten sie einen Ausstellungsraum unter dem Namen KONSORTIUM. Freytag erinnert: „Den Begriff KONSORTIUM haben wir explizit gewählt, um zu verdeutlichen, dass wir eben nicht als Künstlerkollektiv fusionieren, sondern dass wir vier unabhängige Geschäftspartner [...], in diesem Fall als vier unabhängige Künstler diesen Ort betreiben, um einen Raum, einen Mehrwert, eine übergeordnete Idee zu verdeutlichen. Es ging am Anfang immer nur explizit um diesen Ausstellungsraum."[4]

Zu Beginn gab es mit Jan Kämmerling noch einen vierten Künstler im Zusammenschluss, der 2010 nach der Raumschließung ausschied. Breuer stellt fest: „In dem Moment, in dem wir nur noch zu dritt waren, haben wir angefangen künstlerisch enger zusammenzuarbeiten, als Künstlergruppe aufzutreten, Arbeiten gemeinsam zu entwickeln und nicht nur einzelne Arbeiten separat nebeneinander zu stellen."[5] Ein wichtiges Projekt, welches vom Kollektiv als eine Art „Startschuss" verstanden wird, ist das Werk *Underground / Overground* im Museum Folkwang aus dem Jahr 2010. Entstanden sind dafür jeweils eine Wandarbeit in der Tiefgarage des Museum Folkwang sowie in dem dazugehörigen Restaurant. Der Unterschied zu vorherigen Projekten der Künstler besteht darin, dass sie nun erstmalig etwas gemeinsam für eine einzelne Wand konzipieren mussten, was dazu führte, dass eine neue Sprache entwickelt werden musste, welche die Handschriften, die Elemente des jeweiligen Solowerks in ein kollektives Werk einfließen ließ.[6]

Übertragen auf die Musik könnte genau dieser Akt als das Kreieren eines imaginären Musikinstruments verstanden werden. KONSORTIUM bedient sich zur Beschreibung ihrer Zusammenarbeit ebenfalls der Musikmetapher: „Entscheidend ist am Ende der Gesamtsound und dass die Arbeit als Werk überzeugt."[7] Dasselbe gilt für die Bedeutung des äußeren Erscheinungsbildes einer Band – bei KONSORTIUM eindeutig an dessen einheitlichen Kleidungsstil zu Beginn ihres gemeinsamen Auftretens zu erkennen. Münch erklärt: „Die Corporate Identity hat sich von selbst ergeben. Wir sahen einfach anders aus, wir haben andere Kleidung angehabt als die Anderen, haben andere Bücher gelesen, haben andere Dinge gesagt. Wir waren einfach zu identifizieren: die mit den weißen Hemden und den schwarzen Hosen, den Jackets. Die Kollegen zu dieser Zeit liefen anders herum und laufen auch immer noch anders herum. Die sahen vielleicht mehr aus, wie man sich einen Klischeekünstler vorstellt. [...] Wir waren ein gutes Antibild und daraus haben wir unser eigenes Bild geschöpft."[8] Das Konzept der „Corporate Identity" ist eine Strategie, die ursprünglich aus der Wirtschaft stammt und als Kommunikationskonzept eingesetzt wird: „Das Corporate Identity-Konzept kann als ein strategisches Konzept zur Positionierung der Identität oder auch eines klar strukturierten, einheitlichen Selbstverständnisses eines Unternehmens, sowohl im eigenen Unternehmen als auch in der Unternehmensumwelt, gesehen werden."[9] Es entsteht eine kollektive Identität im Zuge eines visuell zusammenhängenden Images, das laut der Musikwissenschaftlerin Janice Miller besonders in der Musik genutzt wird, um Bands zu vermarkten.[10] Eine weitere bedeutende Künstlergruppe aus Düsseldorf, die sich vermutlich zunächst eher unbewusst dem Mittel der „Corporate Identity" bediente, ist ZERO. Die Künstlergruppe wurde 1957 von den Künstlern Heinz Mack und Otto Piene sowie dem 1958 nachträglich hinzugestoßenen Günther Uecker gegründet, der gleichermaßen als Teil des ZERO-Kerns[11] verstanden wird.[12] Ähnlich wie KONSORTIUM begannen Mack und Piene mit selbstorganisierten Ausstellungen. Zwar handelte es sich bei ZERO zunächst um eintägige Abendausstellungen (1. Abendausstellung am 11. April 1957) in ihrem Atelier in der Hüttenstraße in Düsseldorf; anders als bei dem über sieben Jahre hinweg konstant betriebenen Ausstellungsraum von KONSORTIUM. Dennoch entstanden die Vorhaben der jeweiligen Gruppen aus der Ambition heraus, eine Plattform für sich und andere Künstler zu schaffen, auf der sie ihre Kunstwerke der

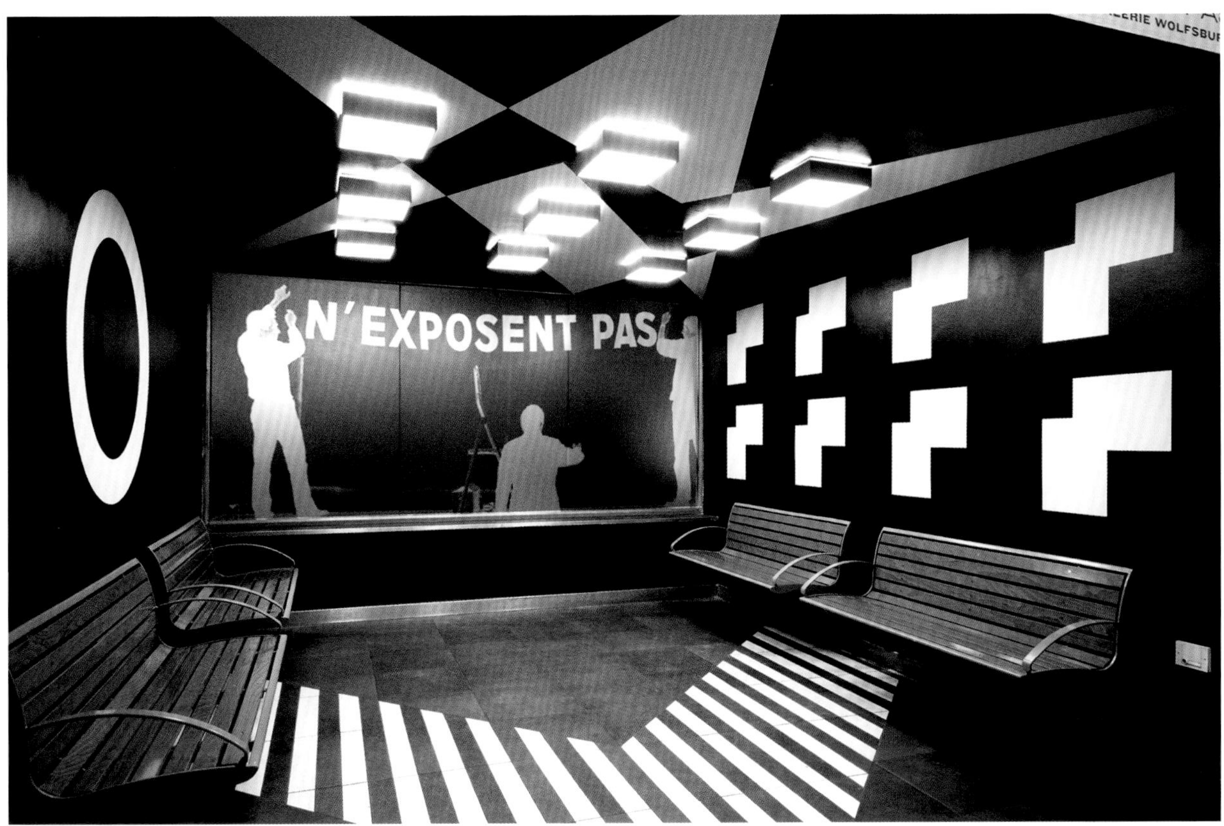

Öffentlichkeit zeigen konnten.[13] Letztlich formte ZERO sich ebenfalls zu einer festen Gruppe und bekundete dies mit einer offiziellen Namensgebung im Zuge der ersten ZERO-Zeitschrift, erschienen zur 7. Abendausstellung am 24. April 1958. Eine weitere Gemeinsamkeit: Die drei ZERO-Künstler waren absolute Vorreiter in Bezug auf die eigene Selbstvermarktung und sie reizten die Grenzen der analogen Kommunikationsmittel ihrer Zeit kreativ aus. Neben selbst konzipierten und publizierten ZERO-Zeitschriften[14] sowie speziell designten Ausstellungseinladungen und Flyern zögerten sie nicht, sich vor der Kamera entsprechend zu inszenieren: den Fotografien zur Folge immer akurat gekleidet, mit coolem Blick professionell an der Kamera vorbeischauend. Eine Beschreibung, die sich ebenfalls auf die Band The Beatles übertragen ließe, die sich 1960 fast zeitgleich mit ZERO gründete. Damals als eine der ersten Bands von dem Entrepreneur Brian Epstein gemanagt, erschufen sie durch ihr Auftreten mit Anzügen und Pilzkopfhaarschnitt einen unverkennbaren Wiedererkennungswert. Janice Miller stellt fest, dass sie durch das Tragen des Anzugs ein Porträt von respektierter Männlichkeit kreierten, die all die Symbole des 19. Jahrhunderts für eine rationale und anständige Männlichkeit beinhalteten.[15] Zu dieser Idee von Männlichkeit lässt sich ebenso der Eindruck von Professionalität ergänzen, welche sowohl bei ZERO als auch bei KONSORTIUM, gerade in den Anfängen ihrer Karriere, eine wichtige Rolle gespielt haben muss. Sie wollten, dass der Beruf des Künstlers sowie die damit einhergehende Tätigkeit ernst genommen werden. Wie ließe sich dies besser unterstreichen als durch ein seriös aufgefasstes Auftreten? Nach zehn Jahren ZERO dann das Aus.[16] Angeblich bestand die Ursache dafür ausschließlich darin, dass Piene bei einer ZERO-Ausstellung im Museum Haus Lange in Krefeld 1963 eine Rede mit dem Titel „Der neue Idealismus" hielt. Jene soll es für Mack und Uecker unmöglich gemacht haben, die ZERO-Gruppe in der Form weiterführen zu können. Viel entscheidender war jedoch vermutlich die Tatsache, dass sich die jeweiligen Solokarrieren der Künstler weiterentwickelt haben und sie sich bewusster ihrem individuellen Erfolg zuwen-

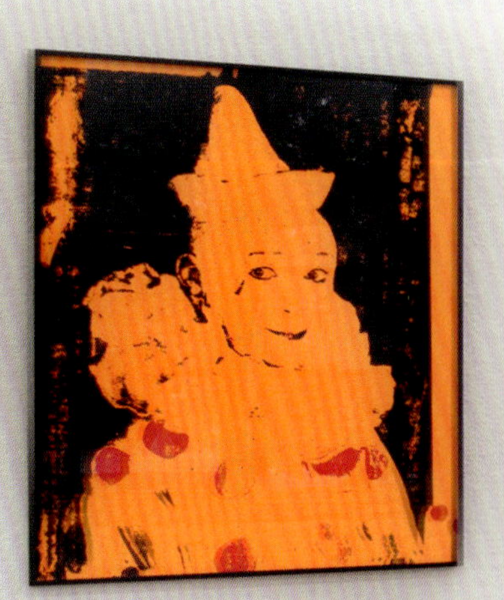

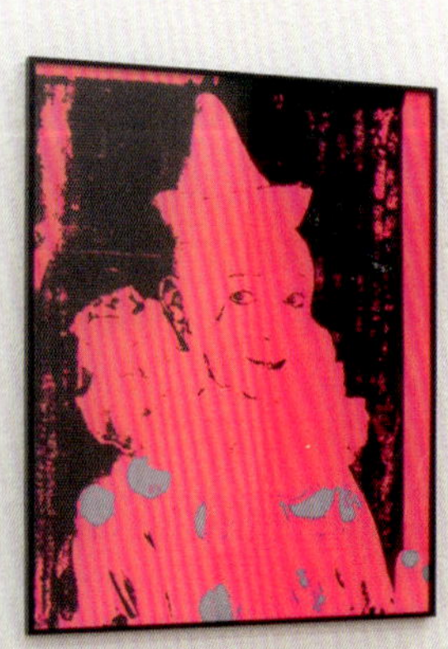

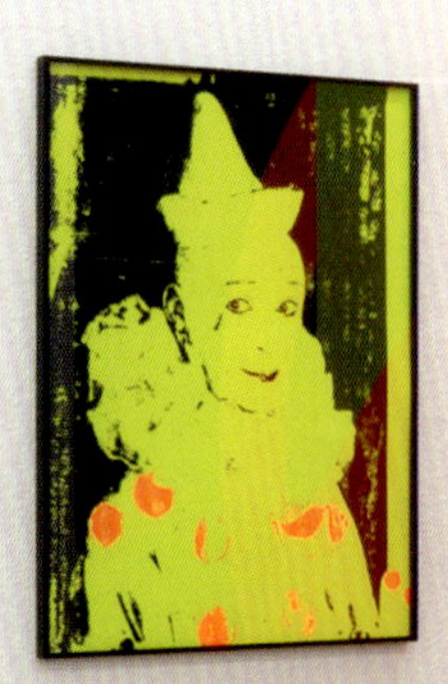

PARALLELWELTEN

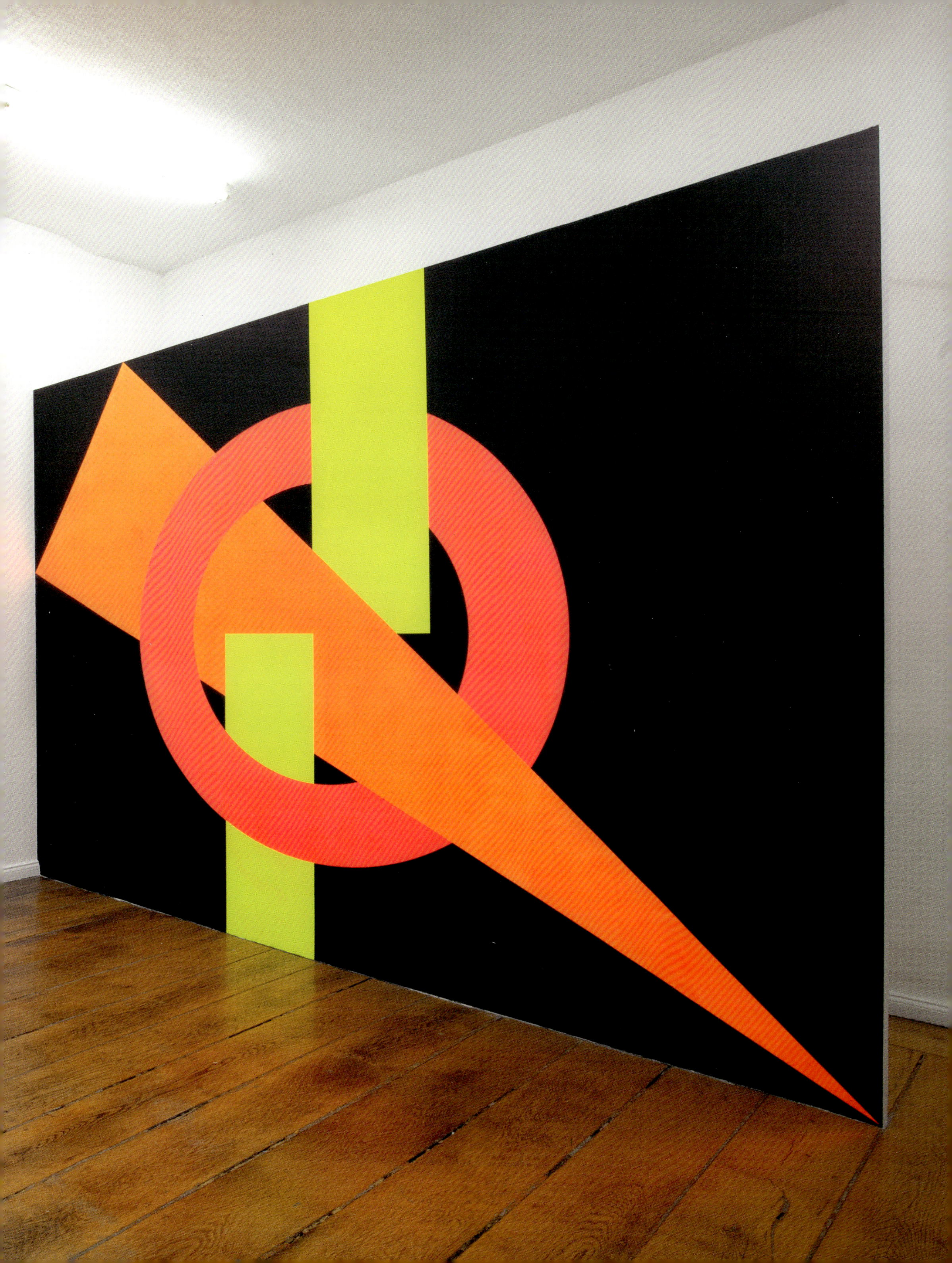

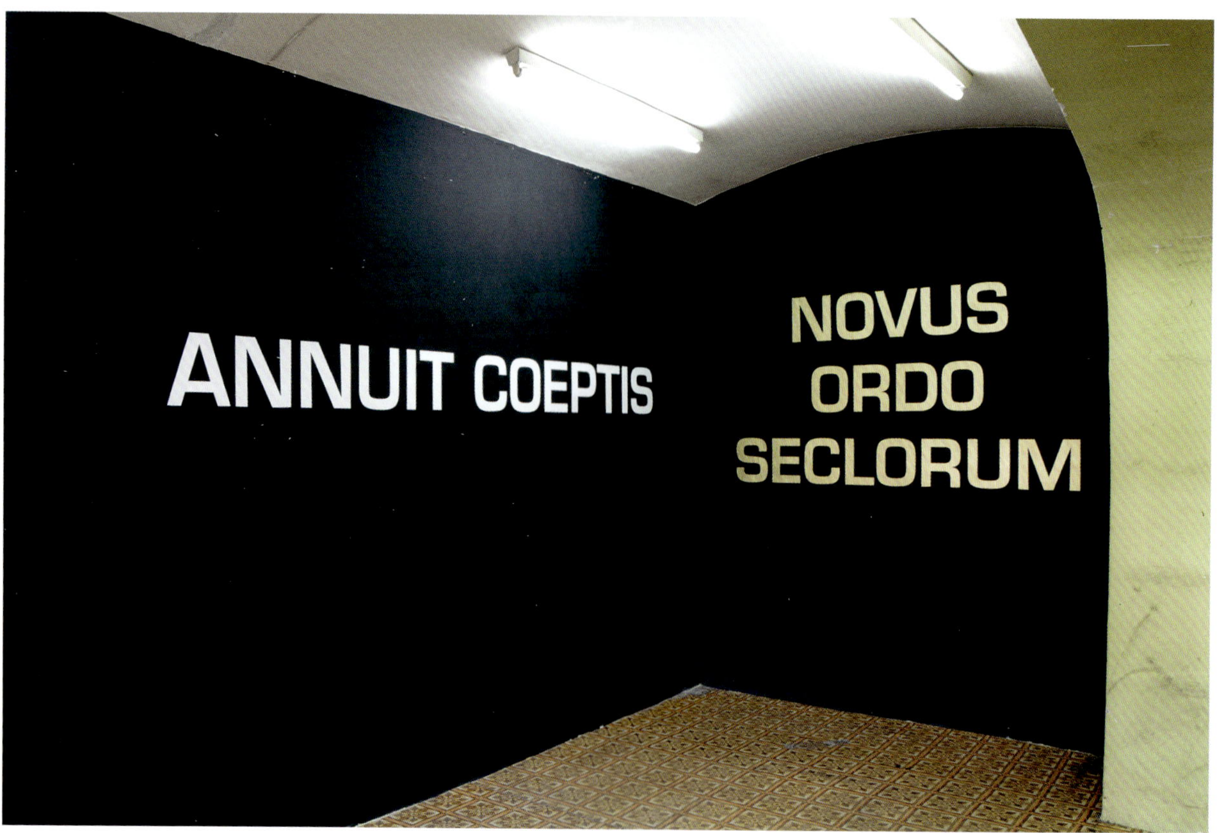

den wollten. Mack bestätigt, dass mit der Zeit Eifersucht sowie die Frage nach Urheberschaft von ZERO aufkamen.[17] Der Künstler erinnert außerdem, „dass jeder seinen eigenen Weg immer mehr und immer klarer formulierte. Da gab es gewisse Trennungsanzeichen. Daneben auch Missgunst. Da wurde der Ausstellungsparcours [1966, Bonner Kunstmuseum] regelrecht mit dem Metermaß vermessen, zugunsten einer pedantischen Parität".[18] Es wird deutlich, dass die drei ZERO-Künstler sich nicht als Band aufgefasst haben, sondern ganz klar ihre jeweiligen Solokarrieren in den Vordergrund gestellt haben. Gleichauf ergibt sich die Idee der Gemeinschaftlichkeit als *Mittel zum Zweck* – was negativer klingen mag als gemeint. Selbstredend sind Viele stärker, als der oder die Einzelne. Schade ist nur, wenn das gemeinsame Scheitern der Vielen zum Abbruch der Zusammenarbeit führt, wie es bei dem Künstlerkollektiv B1 der Fall war. 1969 schlossen sich die zehn Künstler Helmut Bettenhausen aus Wanne-Eickel, Bernd Damke aus Recklinghausen, Günter Dohr und Franz Rudolf Knubel aus Essen, Rolf Glasmeier, Erwerdt Hilgemann, Ferdinand Spindel und Günther Tollmann aus Gelsenkirchen, Kuno Gonschior und Friedrich Gräsel aus Bochum zum B1 Kollektiv zusammen, um als Maler und Bildhauer die Umwelt des Ruhrgebiets neu zu prägen.[19] Mit Prägen ist an dieser Stelle die Absicht gemeint, „mit Hilfe eines Ensembles von aufeinander abgestimmten Einzelkunstwerken im Freien, von farbig oder plastisch gestalteten Architekturelementen"[20] den Ruhrschnellweg, besser bekannt als die „B 1", nachhaltig zu gestalten. Die zehn Künstler schlossen sich zur Realisierung dieses Projekts zusammen, um ihre jeweiligen künstlerischen Positionen innerhalb des Projektes darstellen zu können, nicht aber, um gemeinsam Werke zu kreieren. Somit erschließt sich aus deren Manifest, dass B1 sich als Interessengemeinschaft verstand, „die ‚gruppe' oder ‚schule' im herkömmlichen Sinn weder sein will noch kann, die weder eingeengt ist vom zwang einer für alle beteiligten verbindlichen ideologie, [sondern die] besteht in einem umstand rein geographischer natur [...]. als ausstellungskollektiv suchen sie die resonanz der öffentlichkeit und der kritik, um, was sie als einzelgänger nicht zu leisten vermochten, darauf aufmerksam zu machen, daß eine zwingende wechselbeziehung zwischen konstruktiv-künstlerischen bestrebungen und industrieller umwelt besteht [und] entlang der B1 aktuellste tendenzen oder gegenwartskunst auf hohem niveau existieren."[21] Während einer offiziellen Befahrung der B1 vom Essener Grugapark über Duisburg-Kaiserberg zum Dortmunder Westfalenpark stellten die B1-Künstler 1969 ihre Modelle sorgsam vor; leider erfolglos. Nicht nur, dass die unterschiedlichen Vorhaben der Künstler die Politiker irritierten. Jene argumentierten letztlich mit der Sorge, die Kunst könne vom Fahren ablenken.[22] Entsprechend der Zeilen ihres Manifests löste sich das Kollektiv nach dieser Niederlage umgehend auf.[23] Zwar haben die Künstler anschließend in kleineren Teams sowie solo andere Projekte im öffentlichen Raum realisieren können, was sicherlich für die Tragfähigkeit des ursprünglichen Konzepts spricht.[24] Nichtsdestotrotz zeigt der unmittelbare Abbruch ebenso, dass die kollektive Zusammenarbeit lediglich temporär und als alternatives Projekt zur eigenen Arbeit verstanden wurde; nicht aber die Intention beinhaltete, langfristig etwas Gemeinsames erschaffen zu wollen, bei dem die gemeinschaftliche Zusammenarbeit im Vordergrund stehen sollte. Dieses Beispiel von kollektiver Zusammenarbeit sowie die Trennungsgründe von ZERO stellen einen entscheidenden Unterschied zu KONSORTIUM dar, die sowohl gemeinsam, als auch solo funktionieren. KONSORTIUM scheinen den Reiz, den eine erfolgreiche Solokarriere beinhalten kann, dennoch gut nachvollziehen zu können, wie Freytag im Interview reflektiert: „Vielleicht wären wir ebenfalls auseinandergedriftet, wenn es die Verlockung gegeben hätte, eine wahnsinnig lukrative Solokarriere zu starten. Das hätte vielleicht auch mehr zu Eruptionen geführt."[25] Dennoch hat KONSORTIUM es geschafft, nach all den Jahren in ihrer Form bestehen zu bleiben. Gleich dem Kollektiv hobbypopMUSEUM, das als Vorreiter von KONSORTIUM betrachtet werden kann. Mit dessen Gründung im Jahre 1998 feierte das Kollektiv aus Düsseldorf im letzten Jahr zwanzigjähriges Bestehen. Ebenso wie KONSORTIUM lernten sich die sechs Künstler Sophie von Hellermann, Marie-Céline Schäfer, Christian Jendreiko, Matthias Lahme, Dietmar Lutz und André Niebur Mitte der 1990er-Jahre an der Düsseldorfer Kunstakademie kennen. Bereits dort stellten sie fest, dass ihnen die ich-zentrierte Einstellung der meisten ihrer Mitstudierenden missfiel. Sie wollten sich bewusst von der Idee einer individuellen Autorschaft – die vorher schon ZERO in die Quere gekommen ist – abgrenzen, indem sie anfingen Gemeinschaftsbilder zu malen.[26] Der Kontrollverlust und die Überraschungsmomente, die damit einhergingen, reizten sie sehr und sollten in den darauffolgenden Projekten bis heute ein entscheidendes künstlerisches Mittel ihres Kollektivs darstellen. Was zunächst spielerisch in den Ateliers der Kunstakademie begann, wurde konsequent in einem leerstehenden Postgebäude am Worringerplatz fortgeführt. Ab diesem Moment kam der Name hobbypopMUSEUM auf, denn „hobbypop" war der Titel einer vorherigen Ausstellung in Amsterdam.[27] Analog zu KONSORTIUM war der Name zunächst als Titel für den Ort gedacht, der bei dem hobbypopMUSEUM die Intention, ein eigenes Museum mit eigenen Regeln schaffen zu wollen, unterstreichen sollte. Anschließend wurde der Titel zum Namen des Kollektivs. Eine weitere Parallele zu den Künstlern von KONSORTIUM lässt sich darin erkennen, dass es den Mitgliedern des hobbypoMUSEUM gleichermaßen gelingt, die Solokarierren parallel und ungehindert weiter zu verfolgen. Beide Kollektive sind sich einig, dass ihr individuelles Schaffen ihre kollaborative Arbeit positiv beeinflusst sowie auch umgekehrt.[28] Dennoch gibt es einen Unterschied in der Struktur der Kollektive, welcher sich in dem ausgeprägten partizipativen Moment des hobbypopMUSEUM äußert. Das Kollektiv war von Beginn an stark darum bemüht, die Zusammenarbeit so offen und integrativ wie möglich zu gestalten. Sprich, es war für das Kollektiv besonders während ihrer Anfangszeit unbedeutend, wer Teil dessen war und wer nicht: „Whoever happened to be there and took part was part of it. It was an open process."[29] Die sich daraus entwi-

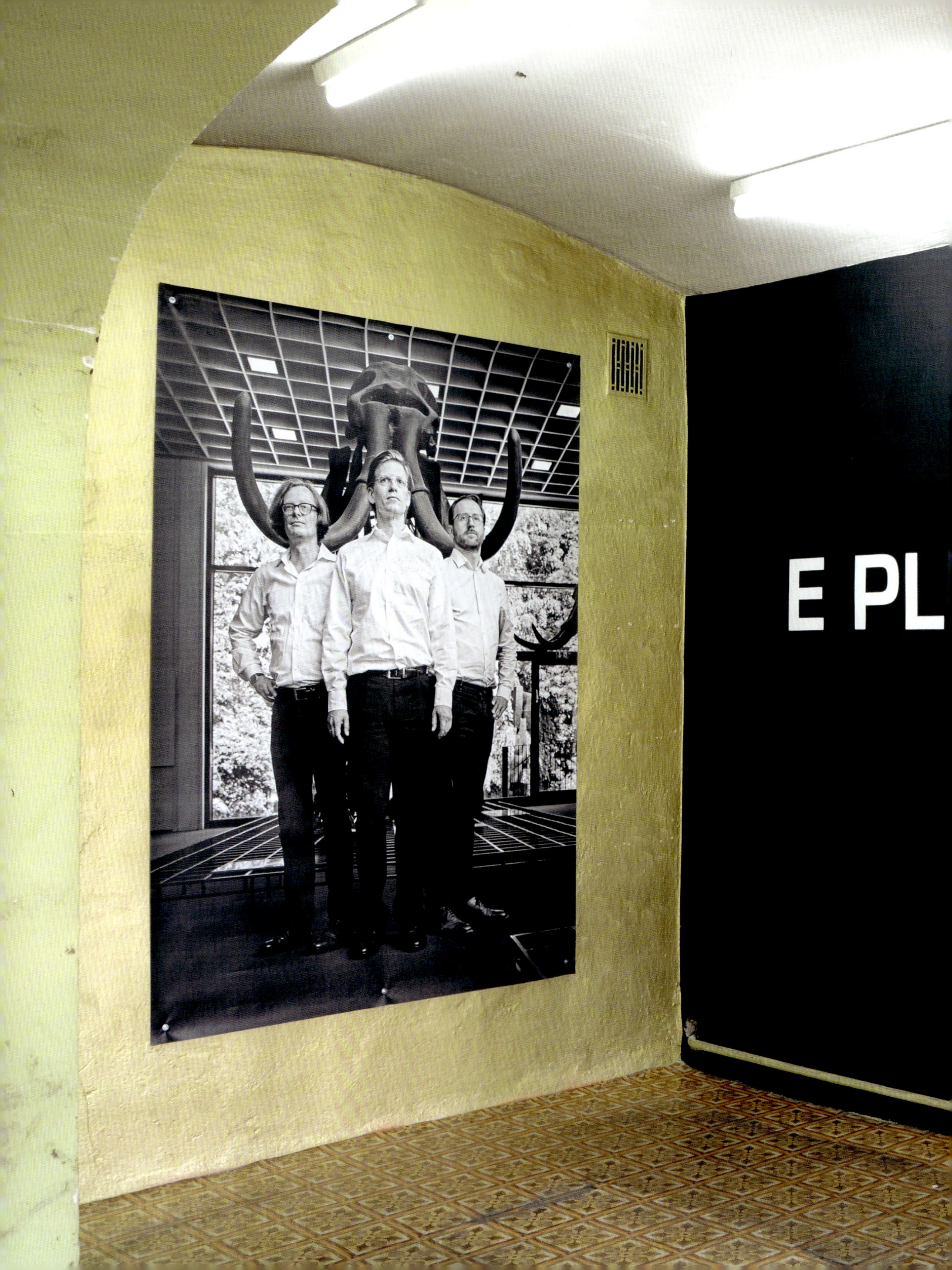
E PL

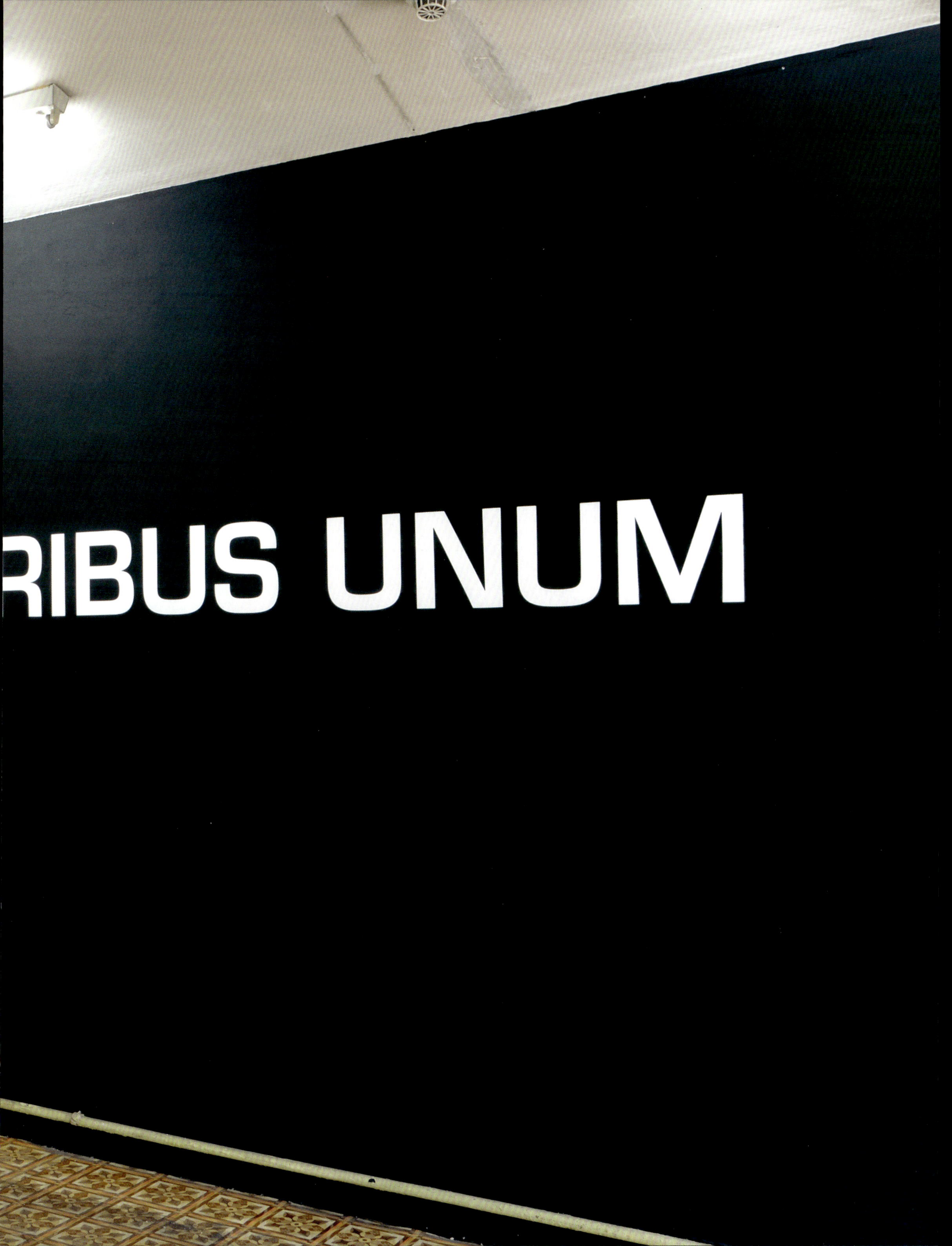

RIBUS UNUM

ckelten temporären Kollaborationen wurden dadurch gesteigert, dass es jeden Freitag eine Aktion im hobbypopMUSEUM gab, bei der jeder partizipieren durfte. Das Kollektiv beschreibt dies im Interview „wie ein beschleunigtes Museum und jeder wusste, freitags trifft man sich bei hobbypop"[30]. ZERO war ebenso darum bemüht, an einer offenen Struktur festzuhalten, indem wechselnde Teilnehmer in die Ausstellungen integriert wurden;[31] und auch KONSORTIUM lud diverse Künstler in ihren Ausstellungsraum ein. Nichtsdestotrotz wirken die beiden Kollektive einiges geschlossener als das hobbypopMUSEUM, welches die interne Zusammenarbeit sowie die Kollaboration als künstlerisches Mittel begreift.[32] Dies ändert jedoch nichts daran, dass es auch beim hobbypopMUSEUM einen festen Kern gibt. Scheinbar im Widerspruch zu der Idee der Kollaboration wird diese im Vergleich zu ZERO und KONSORTIUM sogar zu einer eigenen Identität. „Wir sehen es so, dass das hobbypopMUSEUM ein eigener Künstler ist. Der oder die ist jetzt zwanzig Jahre alt. Alles, was wir machen, signieren wir mit hobbypopMUSEUM. Es ist ein Gemeinschaftswerk und keine Gruppenausstellung."[33] Eine derartige Verschmelzung war sowohl bei ZERO als auch bei der B1 Gruppe undenkbar. KONSORTIUM hingegen lässt in seinen Werken Momente entstehen, die es einem nicht ermöglichen zu rekonstruieren, wer was an welcher Stelle getan hat. Dennoch sagen die drei Künstler von sich selbst, dass jeder von ihnen einen eigenen auf KONSORTIUM abgestimmten Parameter in die Projekte einbringt, der sich klar definieren lässt – sei es durch die entsprechende Form oder Farbe, die jedem von ihnen zugeordnet werden könnte.[34] Im Gegensatz dazu verschwimmen die einzelnen künstlerischen Eingriffe in den Werken des hobbypopMUSEUM vollends, was wiederum die Auffassung einer neu erschaffenen Identität begründet. Deutlicher zeigt sich, dass die Idee der Verschmelzung innerhalb des hobbypopMUSEUM der Vorstellung einer Band wesentlich näher kommen könnte, als es bei KONSORTIUM der Fall ist. Eine Aussage der künstlerischen Leiterin des Dortmunder Kunstvereins, Oriane Durand, unterstreicht diese Vermutung: „Die Künstlergruppe als Band, die in der Welt der Kunst unterwegs ist, und die überall da, wo sie Station macht auf ihrer Never-Ending-Tournee, den jeweiligen Ausstellungsort in ein Gesamtkunstspiel verwandelt; das ist einer der Leitgedanken von hobbypopMUSEUM."[35] Bevor verstanden werden kann, was mit dem Begriff *Gesamtkunstspiel* gemeint ist, lohnt es sich, zunächst einen kurzen Blick auf den Begriff *Gesamtkunstwerk* zu werfen. Zwar wäre es in diesem Kontext nicht möglich, den Begriff in seiner Gesamtheit zu erläutern, dennoch gibt es sowohl von KONSORTIUM, als auch vom hobbypopMUSEUM Zitate, die die Bedeutung dieses Begriffes für das jeweilige Kollektiv treffend zusammenfassen. Münch zieht zur Verdeutlichung eine der legendärsten Popqueens des 21. Jahrhunderts hinzu: „Lady Gaga ist auch ein Gesamtkunstwerk. Da geht es nicht nur darum, was es wirklich ist. Es geht um den Look und es geht darum, was transportiert wird. Ich finde, dass wir mit dem Raum, wie wir dort herumstanden und uns für eine einheitliche Typografie entschieden haben – überhaupt das ganze Design von KONSORTIUM, welches wir vereinheitlicht haben, [...] das gehörte alles zusammen, das gehörte alles zu dem Gesamtkunstwerk KONSORTIUM."[36]

Das hobbypopMUSEUM stimmt mit der Definition des Begriffs von Richard Wagner, der diesen Begriff in einem Essay von 1849 erstmalig verwendete, überein und bestätigt, dass dieser eine Rolle für das Kollektiv spielt. Dennoch schlagen sie mit dem Begriff des *Gesamtkunstspiels* eine Erweiterung vor, die sich an dem Wunsch des Kollektivs orientiert, ihren persönlichen „mix of sound" und ihre Vision individuell zu bestimmen.[37] Wieder bei der Musikmetapher angekommen, stellt auch Freytag während des Interviews unabhängig von hobbypopMUSEUM fest: „Am Ende ist es ein wenig wie am Mischpult. Wir müssen den Sound gemeinsam abstimmen und darin opfert man natürlich sehr viel Individualität und Exzentrik. Die Farben müssen vereinheitlicht werden, die Formen müssen von den Proportionen angepasst werden. Es gibt somit ein gewisses Equalising: Parameter, damit das gesamte Projekt nicht nur ein Geräusch bleibt, Lärm wird oder schlimmstenfalls auseinanderbricht. Es ist wie eine

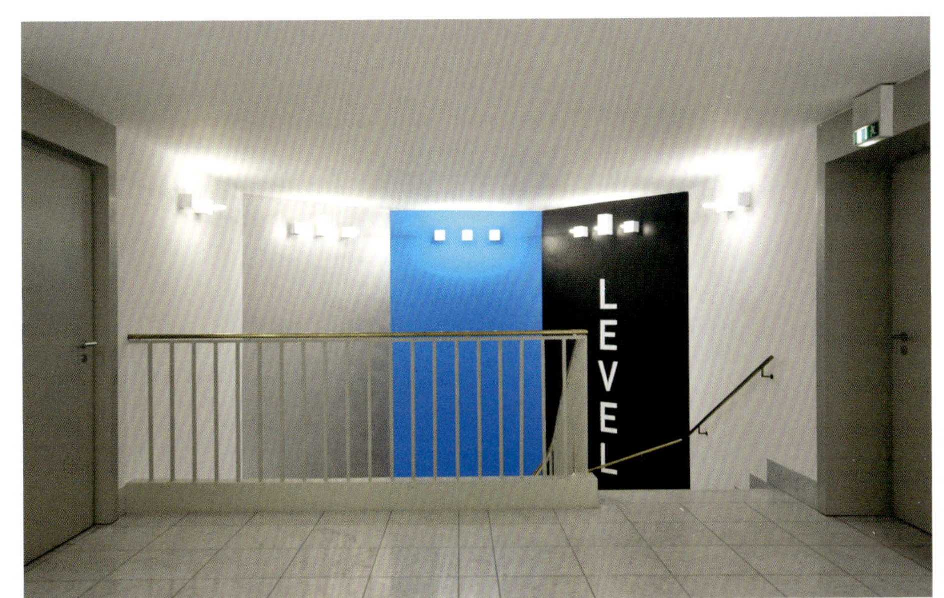
LEVEL

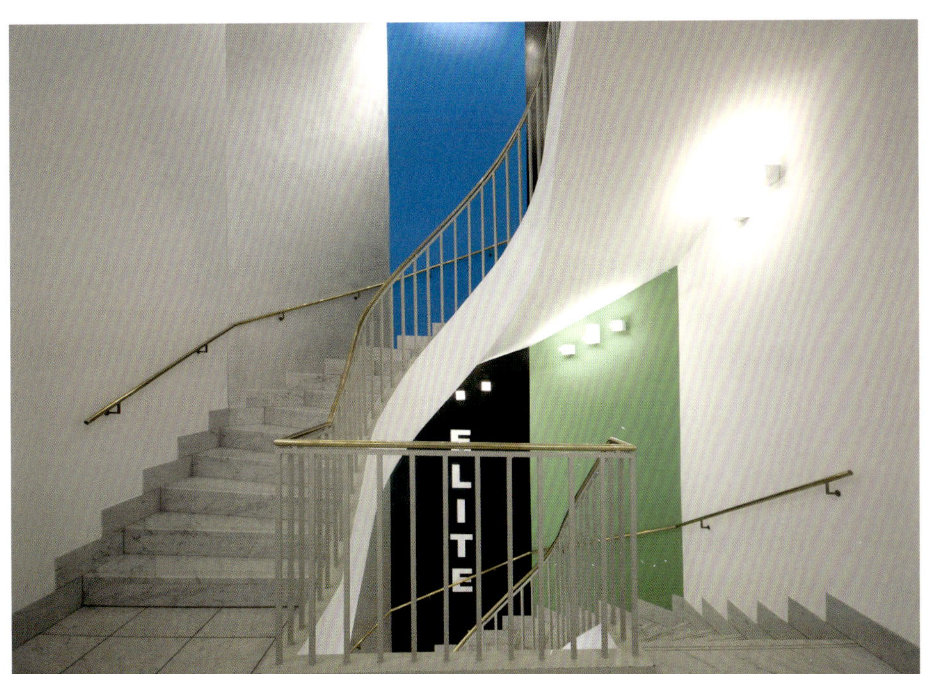
ELITE

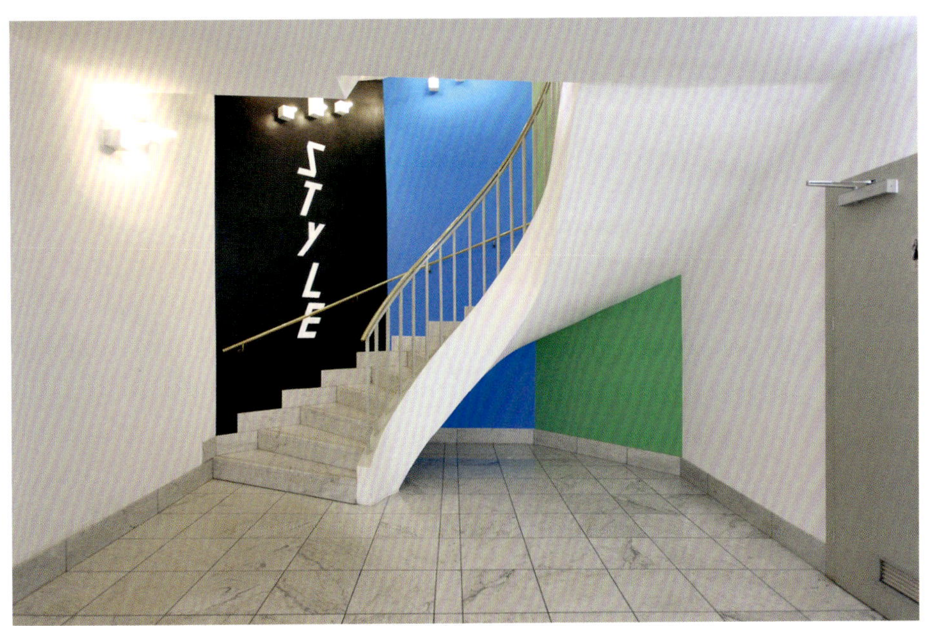
STYLE

gemeinsame Kompositionsarbeit, in der man darauf achtet, wie es abgemischt werden muss, damit eine Platte oder ein Track entsteht und synchron klingt."[38] Fest steht – ob Kollektiv oder Band, Musikkollektiv oder Kunstband: Jede Form einer sozialen Beziehung muss ihren eigenen Rhythmus finden. Sei es das Musikstück der Band oder das Kunstwerk des Kollektivs; in beiden Fällen besteht das Ziel darin, einen „Gesamtsound" zu finden als Resultat eines Gesamtkunstspiels – wie dieses konkret klingt, unterscheidet sich vom Auftritt, Publikum und letztlich der Band.

1 Drew, Jesse: *The Collective Camcorder in Art and Activism.* In: Stimson, Blake; Sholette, Gregory (Hrsg.): *Collectivsm after Modernism. The Art of Social Imagination after 1945.* Minneapolis, 2007, S. 95–113.

2 Schmidt, Sabine Maria: *What we do is secret! Konsortium im Museum Folkwang.* In: KONSORTIUM (Hrsg.): Overground / Underground. Essen, 2012.

3 Ströbele, Ursula: *Formen eins zeitgenössischen Klassizismus: Vergangenheit als Utopie, Zukunft als Dystopie?* In: Beitin, Andreas; Boehle, Esther; Nummelin, Esko: *DYSTOTAL.* Köln, 2016, S. 240.

4 Interview mit KONSORTIUM und Manuela Mehrwald, am 7.3.2019 (Sebastian Freytag).

5 Ebd. (Lars Breuer).

6 Ebd. (Sebastian Freytag).

7 Ebd.

8 Ebd. (Guido Münch).

9 Esch, Franz-Rudolf: *Corporate Identity.* In: Gabler *Wirtschaftslexikon. Das Wissen der Experten.* https://wirtschaftslexikon.gabler.de/definition/corporate-identity-31786 (21.4.2019).

10 Vgl.: Miller, Janice: *White Suited Men: Style, Masculinity and the Boyband.* In: dies.: *Fashion and Music.* Oxford, 2011, S. 72.

11 „Mack, Uecker, and I myself now form, let's say, the 'inner circle' of ZERO (which is no group in a definitely organised way), there is no president, no leader, no secretary, there are no 'members', there is only a human relation between several artists and artistic relation between different individuals. The partners in ZERO exhibitions are always changing. There is no obligation of taking part, no 'should' or 'must' (one of the reasons, I think, why ZERO is still rising)." Pörschmann, Dirk: *"M.P.UE." DYNAMO FOR ZERO: THE ARTIST-CURATORS HEINZ MACK, OTTO PIENE AND GÜNTHER UECKER.* In: Caianiello, Tiziana; Visser, Mattjis (Hrsg.): *The Artist as Curator. Collaborative Initiatives in the International ZERO Movement 1957–1967.* Düsseldorf, Gent, 2015, S. 23.

12 „Obwohl Uecker erst später zu ZERO stieß, müssen Mack, Piene und Uecker als absolut gleichberechtigte Künstler innerhalb der Gruppe verstanden werden. [...] Ohne Uecker wäre ZERO nicht das geworden, was es heute ist." Eggeling, Ute; Beck, Michael (Hrsg.): *ZERO-ZEIT. Mack und seine Künstlerfreunde.* Düsseldorf, 2014, S. 92.

13 "The situation for artists in Düsseldorf in the post-war era was not simple, since there was a lack of places and institutions where contemporary art could be exhibited!" Pörschmann, 2015: S. 20. Vgl. Interview mit KONSORTIUM und Manuela Mehrwald, am 7.3.2019 (Sebastian Freytag): „Es gab einen Bedarf für diesen Ausstellungsraum."

14 ZERO VOL. 1–3 (1958–1961).

15 Miller, 2011, S. 78.

16 „Mit der Ausstellung ZERO in Bonn beenden Heinz Mack, Otto Piene und Günther Uecker offiziell ihre Zusammenarbeit. Die Ausstellung wird ihr letztes gemeinsam organisiertes und verantwortetes ZERO-Projekt." Caianiello, Tiziana; Zell, Thekla (Hrsg.): *ZERO ist gut für Dich. Mack, Piene, Uecker in Bonn, 1966/2016.* Begleitheft zu der Ausstellung im LVR-Landesmuseum, Bonn, 26.11.2016 – 26.3.2017.

17 Jocks, Heinz-Norbert: *Das Ohr am Tatort.* Heinz-Norbert Jocks im Gespräch mit Gotthard Graubner, Heinz Mack,

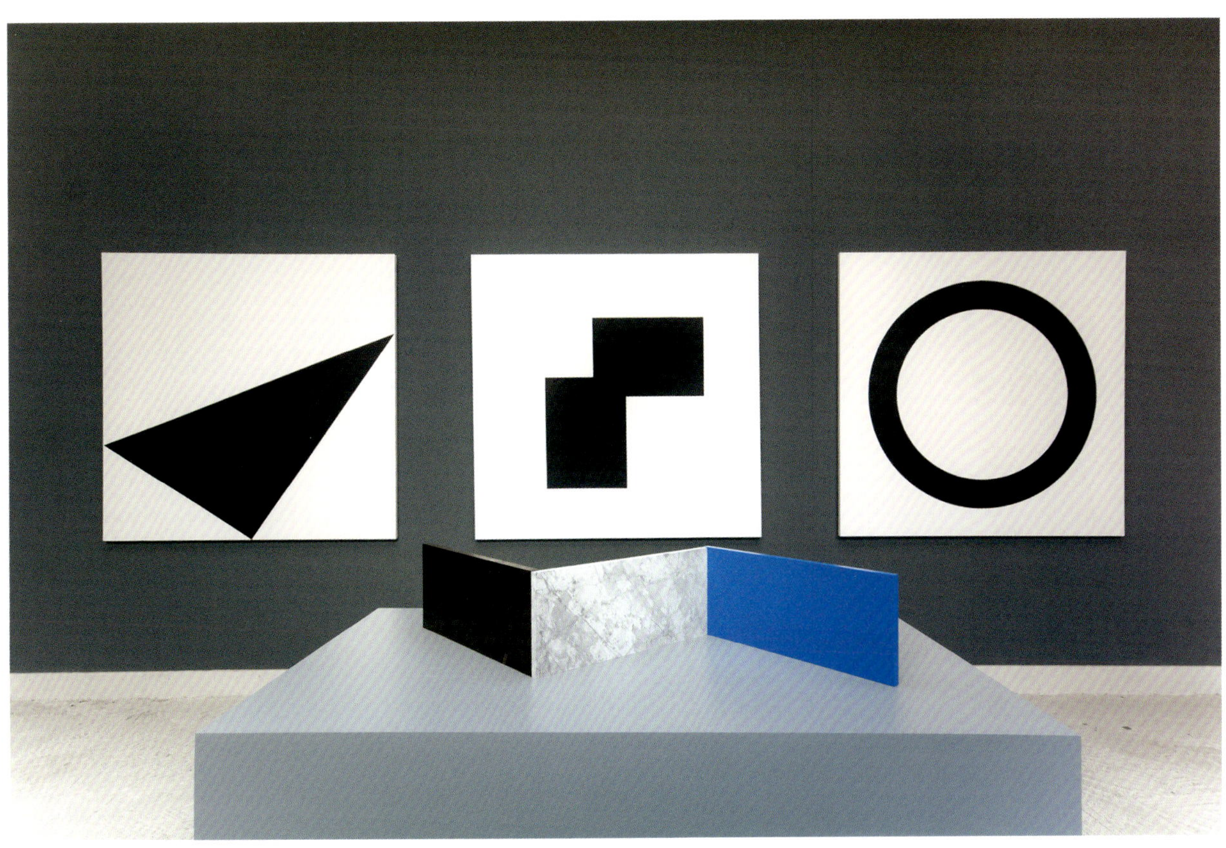

Roman Opalka, Otto Piene, Günther Uecker. Ostfildern, 2009, S. 56.

18 Meister, Helga: *Zero in der Düsseldorfer Szene*. Düsseldorf, 2006, S. 65.

19 von Knorre, Alexander; Stadt Herne, Der Oberstadtdirektor Emschertal-Museum, Herne (Hrsg.): *B1*, 1969/1989. Ausst.-Kat. Flottmann-Hallen Herne, 1989, S. 5.

20 Drebusch, Günter: *B1 – ein kulturpolitischer Aspekt*. In: von Knorre, Alexander; Stadt Herne, Der Oberstadtdirektor Emschertal-Museum, Herne (Hrsg.): *B1*, 1969/1989, S. 8.

21 Fehr, Michael: *Das Ruhrgebiet als künstlerisches Thema. Zur Position der Künstlergruppe B1*. In: von Knorre, Alexander; Stadt Herne, Der Oberstadtdirektor Emschertal-Museum, Herne (Hrsg.): *B1*, 1969/1989. S. 13.

22 Vgl. Herlemann, Falko: *Verpaßte Chancen oder Wie aus Projekten für die B1 der Traum vom Kunstboulevard wurde*. In: Ebd., S. 15.

23 Vgl. ebd.

24 Drebusch, Günter: *B1 – ein kulturpolitischer Aspekt*. In: Ebd., S. 9.

25 Interview mit KONSORTIUM und Manuela Mehrwald, am 7.3.2019 (Sebastian Freytag).

26 Vgl. hobbypopMUSEUM über ihr Werk im Interview mit Catherine Wood in: Mousse Magazine N° 41, Dezember 2013 – Januar 2014, S. 197.

27 Ausstellung *hobbypopPUBLICATIONS*, Westergasfabriek, Amsterdam, NL, 30.05.–7.6.1998.

28 Scampinato, Francesco: *COME TOGETHER. The Rise of Cooperative Art and Design*. New York, 2015, S. 114.

29 Ebd., S. 112.

30 Interview mit dem hobbypopMUSEUM und Manuela Mehrwald am 2.4.2019.

31 Mehrwald, Manuela: *ZERO – DIS. Kollektivität als kuratorischer Ansatz*. (Masterarbeit), 2017, S. 62.

32 Gestärkt wird diese These durch die Tatsache, dass dem Ansatz von hobbypopMUSEUM eine feministische/queere Einstellung zugrunde liegt, welche das Konzept von Kollektivität im Vergleich zu den anderen Kollektiven maßgeblich erweitert.

33 Interview mit hobbypopMUSEUM und Manuela Mehrwald am 2.4.2019.

34 Vgl. Interview mit KONSORTIUM und Manuela Mehrwald am 7.3.2019.

35 Durand, Oriane: *GESAMTKUNSTSPIEL, 20 Jahre hobbypopMUSEUM*. In: Dortmunder Kunstverein (Hrsg.): *SAVED IMAGES. hobbypopMUSEUM*. Berlin, 2019, S. 46.

36 Interview mit KONSORTIUM und Manuela Mehrwald am 7.3.2019 (Guido Münch).

37 Wood, 2014, S. 199, S. 26.

38 Interview mit KONSORTIUM und Manuela Mehrwald am 7.3.2019 (Sebastian Freytag).

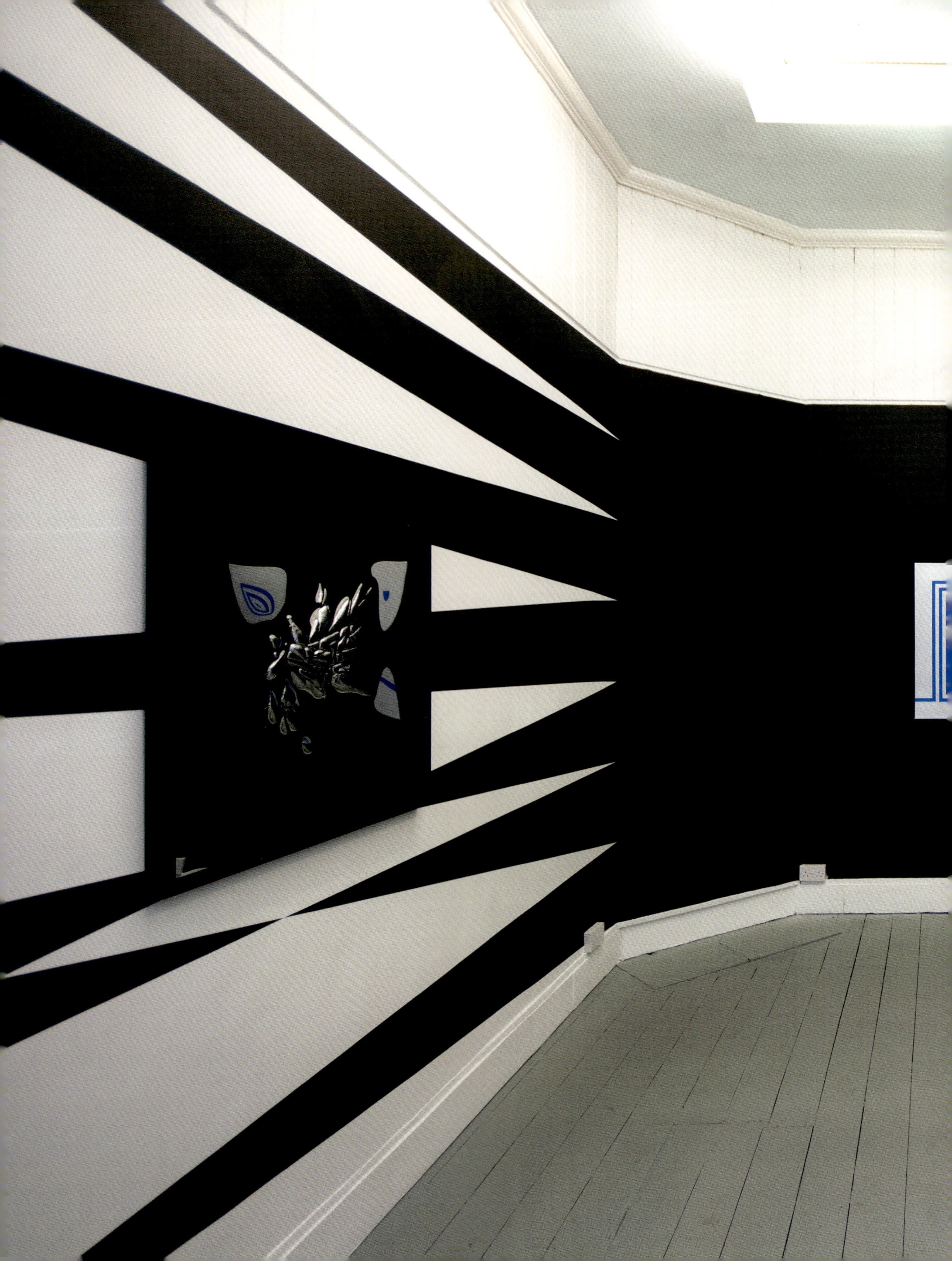

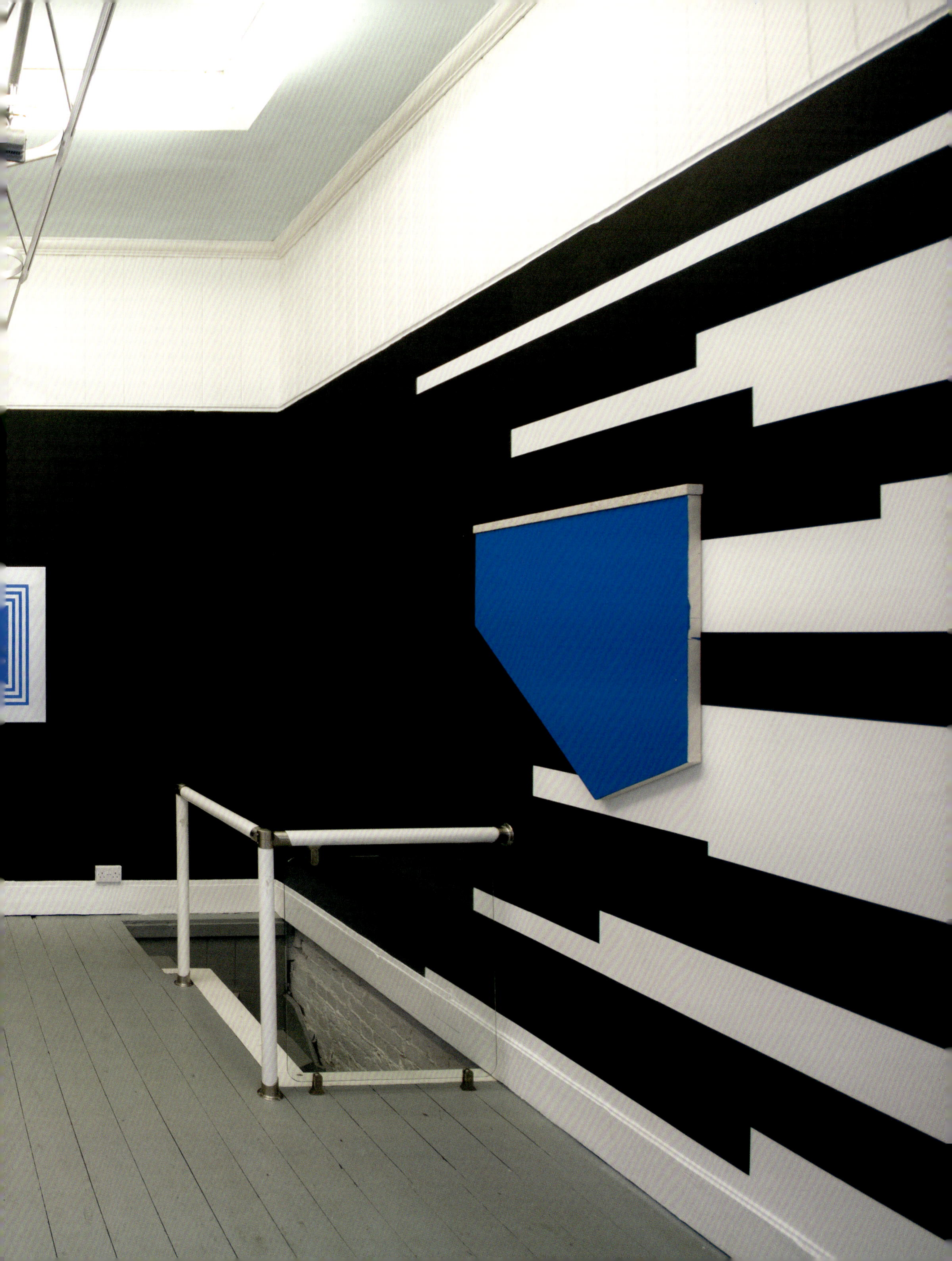

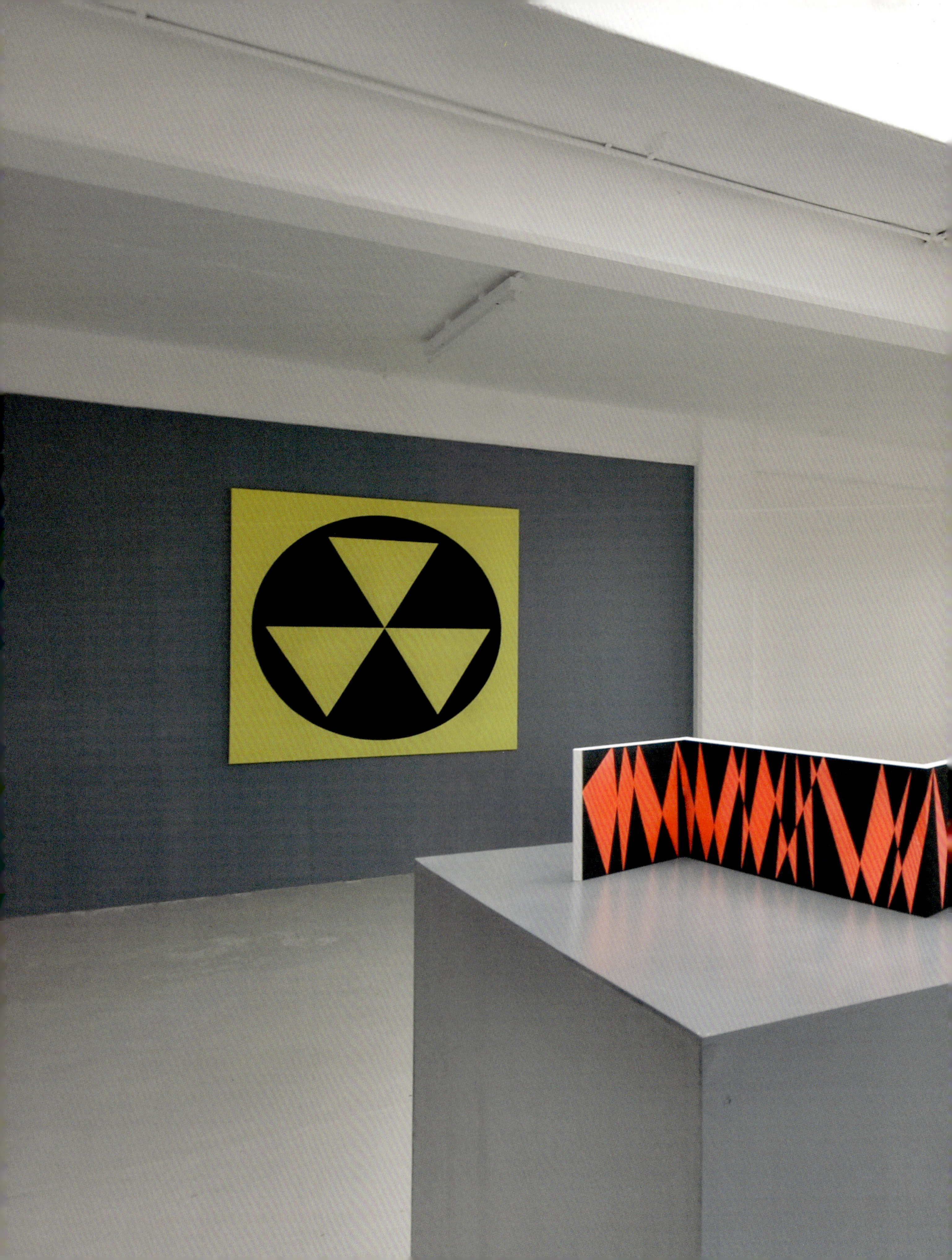

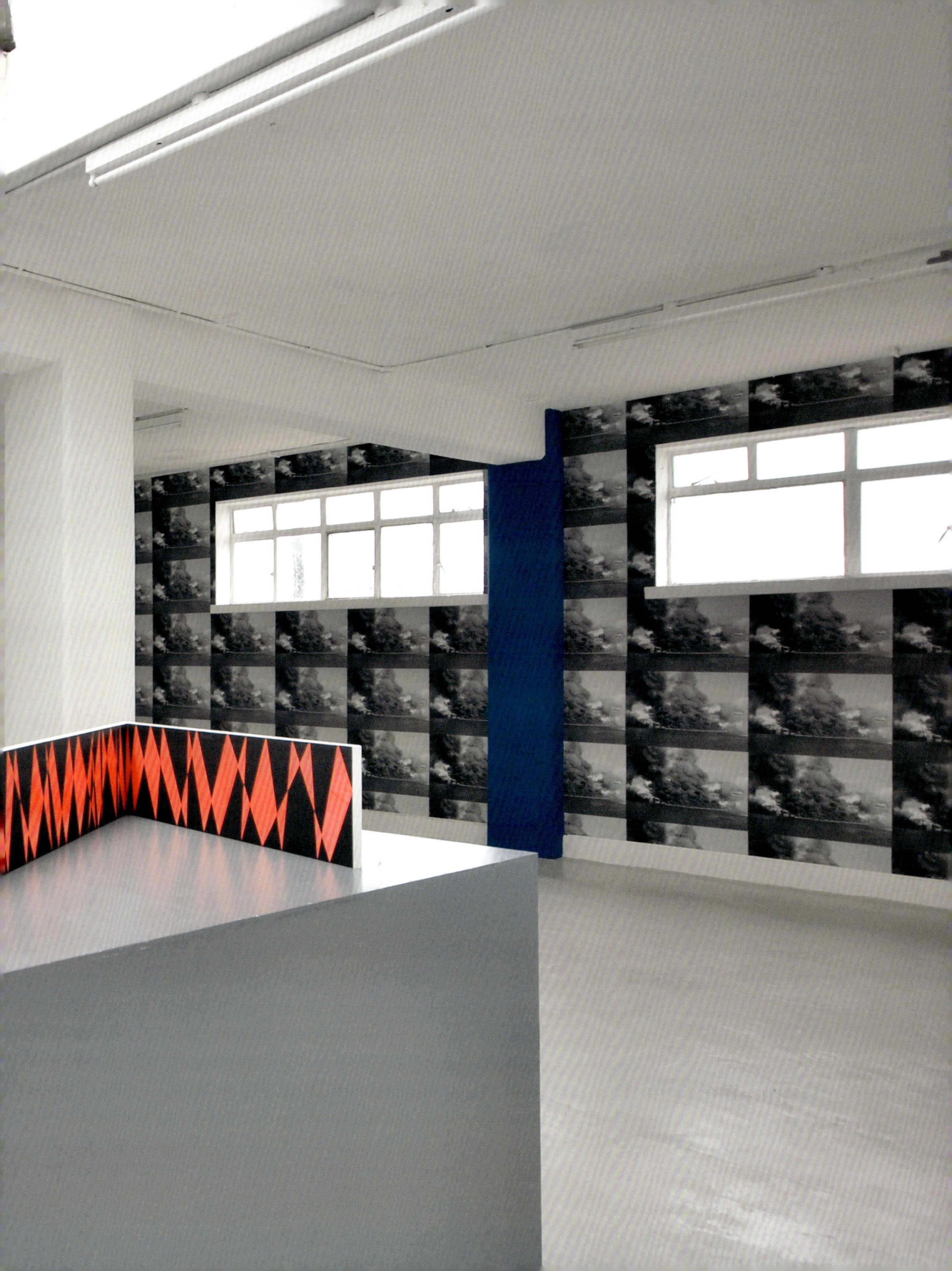

FRUSTRIERTE MODERNISTEN

ANN KRISTIN KREISEL

„Die Vergangenheit ist unsere Heldengeschichte. Unser Götterhimmel ist unser Himmel! Wir nehmen uns die Kunst, die wir brauchen. [...] Die Utopien der Moderne sind unsere Leitmotive, jede für sich eine Waffe unseres Hasses. [...] Wir wählen und bauen unsere eigene Genealogie."[1]

Die Künstler Lars Breuer, Sebastian Freytag und Guido Münch des Kollektivs KONSORTIUM sind Denker und Praktiker zugleich. Ihr oben zitierter Ausspruch steht stellvertretend für ihr Werk, welches auf sehr vielfältige formale wie inhaltliche Weise eine eigene Genealogie erschafft. So tauchen sie in die Geschichte ein, um die Verhältnisse der Gegenwart und ihrer Entwicklungen offenzulegen, neu auszuloten und zu diskutieren. Ihre Werke sind durch strenge geometrische Formen und eine kühle Neutralität geprägt. Sie zitieren damit eine Ästhetik der Moderne, angereichert mit Bezügen zur Abstrakten Malerei, der Konkreten Kunst und der Minimal Art. Ihr Vorgehen mündet in komplexen Rauminstallationen, in denen verschiedenste Medien und Ansätze ineinandergreifen. Der Raum und seine Proportionen sind dabei stets Ausgangspunkt der Auseinandersetzung. Die Künstlergruppe arbeitet nach einem konzeptuellen System mit meist ähnlichen Bausteinen: Dazu gehört der Einsatz von farbigen Wandflächen in Ral-Tönen, die Verwendung von standardisierten Schriften, wie beispielsweise DIN oder Arial, sowie in starkem schwarz-weiß Kontrast gehaltene Grundrisse von Architekturen, abstrakte Zeichen, Architekturelemente und Modelle. Oftmals ergänzen Materialsammlungen aus reproduzierten Prints und Referenzen auf die individuelle Arbeit der einzelnen Künstler die Inszenierungen.

Mit einem genau kalkulierten Spiel aus Aneignung, Zitat und Neuzusammenstellung einer bekannten Formensprache ermöglichen die Künstler den Betrachtenden durch das Prinzip der Wiedererkennung einen ersten Einstieg in ihre Arbeit. Abstrakte Zeichensysteme erscheinen als Stellvertreter für eine vergangene Moderne. In Auseinandersetzung mit der kunsthistorischen Tradition werden diese jedoch radikal seziert, vereinfacht und auf ihr „konstruktives Gerüst"[2] reduziert. Dieses Vorgehen zeugt von einer äußerst reflektierten Auseinandersetzung mit der Geschichte und ihrer Überführung in die Gegenwart und einer gleichzeitigen Befragung ihrer heutigen Relevanz. Die verschiedenen historischen Rückgriffe fügen sich in einem Werk neu ineinander und formulieren in ihrer Verbindung eine aktuelle Aussage über zeitgenössische Zusammenhänge. Die Zitate der künstlerischen Avantgarde und ihrer Ausdrucksmittel und die Zusammenstellung der unterschiedlichen Einflüsse und Referenzen werden stets aus

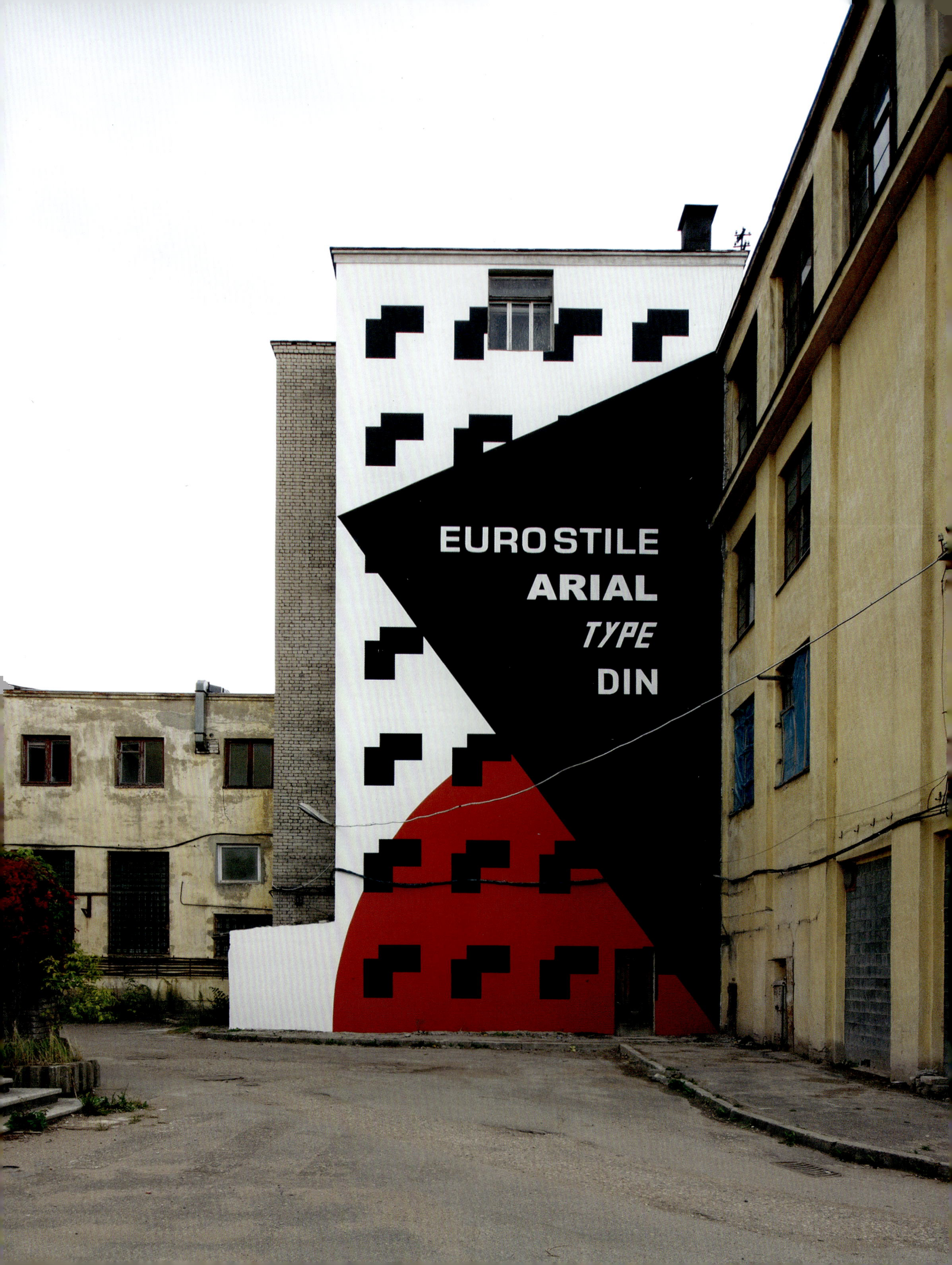
EURO STILE
ARIAL
TYPE
DIN

einem subjektiven Blickwinkel gewählt. „Was uns verbindet, ist die Heterogenität der Materialien, der Vorbilder, also der Kontrastreichtum. Es gibt kein gemeinsames Weltbild, keine Utopie, die uns vereint und zu einem Manifest führt. Die Einflüsse stehen immer in einem Spannungsfeld. Wir setzen nicht auf die reine Abstraktion, den reinen Klassizismus oder die reine Romantik, sondern was uns reizt, ist der Spannungsreichtum, das Aufeinanderprallen der verschiedenen Elemente."[3] In diesem Spannungsfeld entsteht ein komplexes Gesamtkunstwerk, welches überall Spuren der Vorbilder und Verweise auf die Vergangenheit erkennen lässt. Darin begründet sich das Anliegen von KONSORTIUM, „einen radikalen Konstruktivismus mit historischem Bewusstsein und einer anarchischen Freude am Zitat zu schaffen"[4]. Das subtile Offenlegen der Bezüge und das bewusste Legen von Fährten ist dabei Konzept. Es handelt sich hier nicht nur um formale und kunsthistorische Referenzen – welche jedoch zunächst am augenscheinlichsten hervortreten –, sondern auch um vergangene und aktuelle Weltbilder, Utopien, politische Zusammenhänge und gesellschaftliche Fragestellungen, die in den Blick genommen werden. Bild und Architektur werden zum Display von intellektuellem Gehhalt. Künstlerische Ideologien, Erzählungen von Geschichte und ihre Bedeutungen für die Gesellschaft werden in einer Gesamtinstallation neu zur Diskussion gestellt.

So haben KONSORTIUM beispielsweise in ihrem Beitrag *Progression / Regression* für die Ausstellung *Brisante Träume – Die Kunst der Weltausstellung* im Museum Marta Herford die Expo 1970 in Osaka mit dem Motto *World Without Boundaries* (Welt ohne Grenzen) in ein neues Licht gerückt. In einer großen Rauminstallation stellen sie Bezüge her zu dem von der Künstlergruppe E.A.T. (Experiments in Art and Technology) entworfenen Pepsi-Pavillon. Dieser futuristisch nebulöse Bau mit verspiegeltem Innenraum, Lasershow und Soundinstallation galt 1970 als künstlerisches und technisches Ausnahmeerlebnis, das die Wahrnehmung der Besucher mit allen Sinnen herausforderte. In Zusammenarbeit mit Ingenieur und Künstler rund um u. a. Billy Klüver, Robert Breer, David Tudor und Robert Whitman schuf E.A.T. mit dieser Verbindung aus Architektur, neuester Technik und wissenschaftlichem Ansatz ein Gesamtkunstwerk. Dem gegenüber stellt KONSORTIUM eine multimediale Rauminstallation und reflektiert die in den 1970er-Jahren vorherrschende Begeisterung für den technischen Fortschritt aus aktueller künstlerischer Perspektive. Eine eigens entwickelte dreiteilige Architektur, die der auf Dreiecksformen beruhenden Dachkonstruktion des Pepsi-Pavillons entlehnt wurde, dient nun als Display für historische Dokumente und Filmaufnahmen. Überall blitzen Bezüge zwischen den Elementen auf, wenn auch zunächst auf einer abstrakt konzeptuellen Ebene. Diese dreidimensionalen Einbauten verbinden sich mit dahinterliegenden, großflächigen schwarz-weißen Wandmalereien. Die Schriftzüge Progression und Regression, in regelmäßiger Wiederholung angeordnet, stehen sich im Raum demonstrativ gegenüber. Eine schematische Skizze in Schwarz-Weiß besetzt eine dritte Wand und lässt darauf zwei sich überlagernde Grundrisse erkennen. Geht man den einzelnen Quellen in der Gesamtinstallation konkreter nach, verdichtet sich der Eindruck einer permanenten Dopplung von Referenzen. Neben dem klar gekennzeichneten Bezug zum Pepsi-Pavillon der E.A.T.-Gruppe ist eine weitere, zunächst verborgene Bezugsebene im Werk vorhanden. Eine Vitrine mit historischen Dokumenten zum Pepsi-Pavillon und Materialien der Nuklearkatastrophe im japanischen Kraftwerk Fukushima 2011 gibt schließlich Aufschluss. Mit der Zusammenführung dieser beiden Ereignisse deckt KONSORTIUM verblüffende ästhetische Parallelen in deren visueller Darstellung auf. Die Fortschrittseuphorie der 1970er-Jahre und das durch die Geschichte gelehrte Bewusstsein für wissenschaftlich-technisch produzierte Risiken der modernen Gesellschaft treten hier auf beeindruckende Weise zueinander in Bezug. So vermittelt eine Filmcollage aus Originalaufnahmen der spektakulären Expo in Osaka und einer Kamerafahrt durch den mit Wasser gefluteten havarierten Reaktor in Fukushima ein eindrückliches Bild von Zersetzung und dem Übergang ins Nebulöse. Die „Welt ohne Grenzen", scheint das

Werk zu proklamieren, ist an ihre Grenzen gekommen, die hoffnungsvolle Einbindung von neuen Technologien von ihrer eigenen Geschichte überschattet.

KONSORTIUM beschreiben sich selbst als „frustrierte Modernisten“ mit einer Sehnsucht nach einer Begeisterung für den Fortschritt in der Gesellschaft. Ihr Interesse gilt der Fragestellung, ob und wie Zukunftsvisionen heute existieren. Das Kollektiv glaubt dabei fest an den gesellschaftlichen Impetus. Indem sie, wie in der Arbeit *Progression / Regression*, einen Rückblick auf vergangene Zukunftsvorstellungen werfen, die von zahlreichen Künstlern, Ingenieuren und Wissenschaftlern überzeugend vertreten wurden, und diese mit dem heutigen Wissen über die zerstörerischen Risiken der Technikbegeisterung konfrontieren, zeichnen sie ein düsteres Bild der Stagnation. Utopie versus Dystopie, Euphorie versus Resignation: Die Darstellung des Zusammenbruchs vergangener und aktueller Visionen stellt die Frage in den Raum, was für eine gesellschaftliche Konsequenz, welcher gesellschaftlicher Antrieb heute daraus folgen müsste.

Visionen des Fortschritts finden oftmals Ausdruck in Architekturentwürfen der jeweiligen Zeit. Sie manifestieren sich in Plänen für monumentale Bauwerke, untermauert und inhaltlich aufgeladen durch Innovation, Größe und Massivität. In späteren Zeiten avancieren die erfolgreichen Ideen zu Meisterwerken und Baudenkmälern, die im aktuellen zeitlichen Kontext auf ihren Entstehungszusammenhang verweisen und modellhaft für soziale, politische und gesellschaftliche Verhältnisse stehen. KONSORTIUM bedient sich in seinen Wandmalereien großzügig mehrerer solcher architektonischer Entwürfe, reduziert diese auf ihre Skelette, überlagert alte und neue Ansätze und ignoriert bewusst bestehende Widersprüche. So konfrontieren sie im

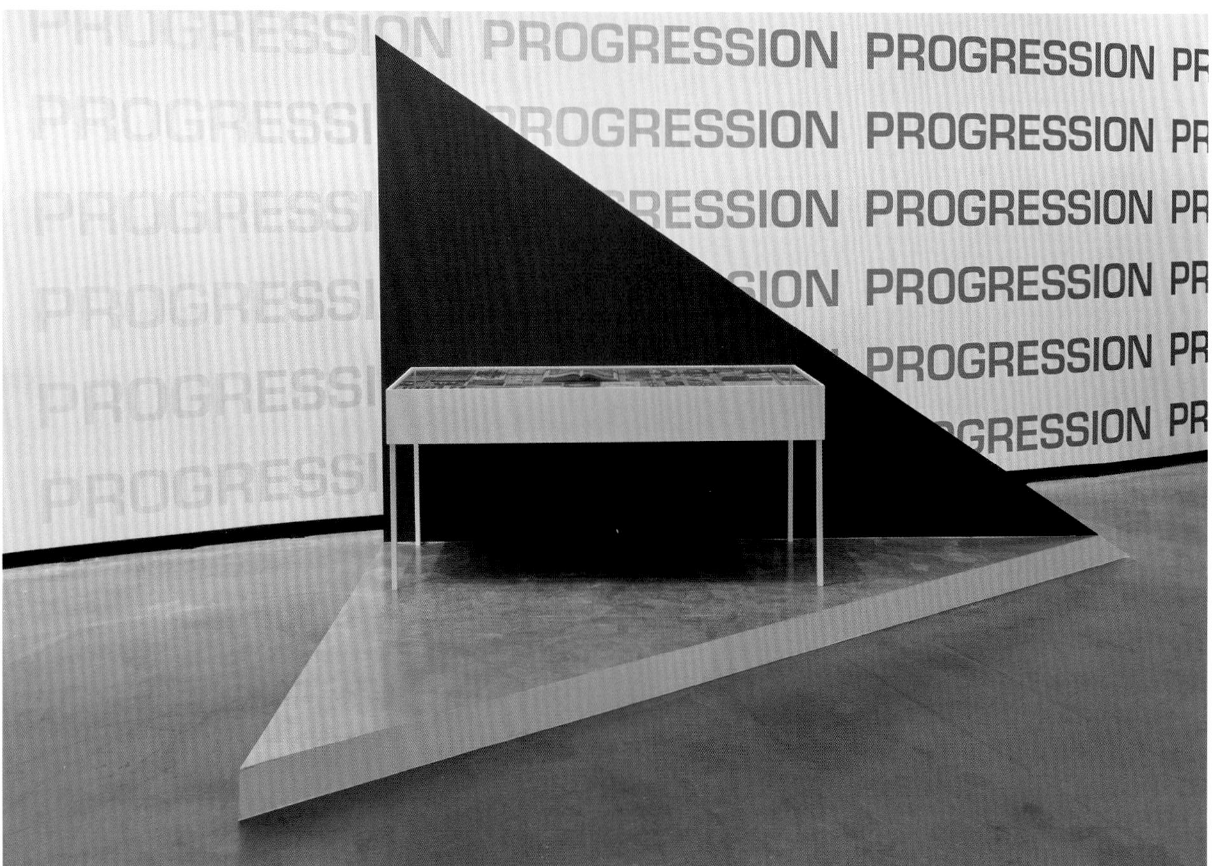

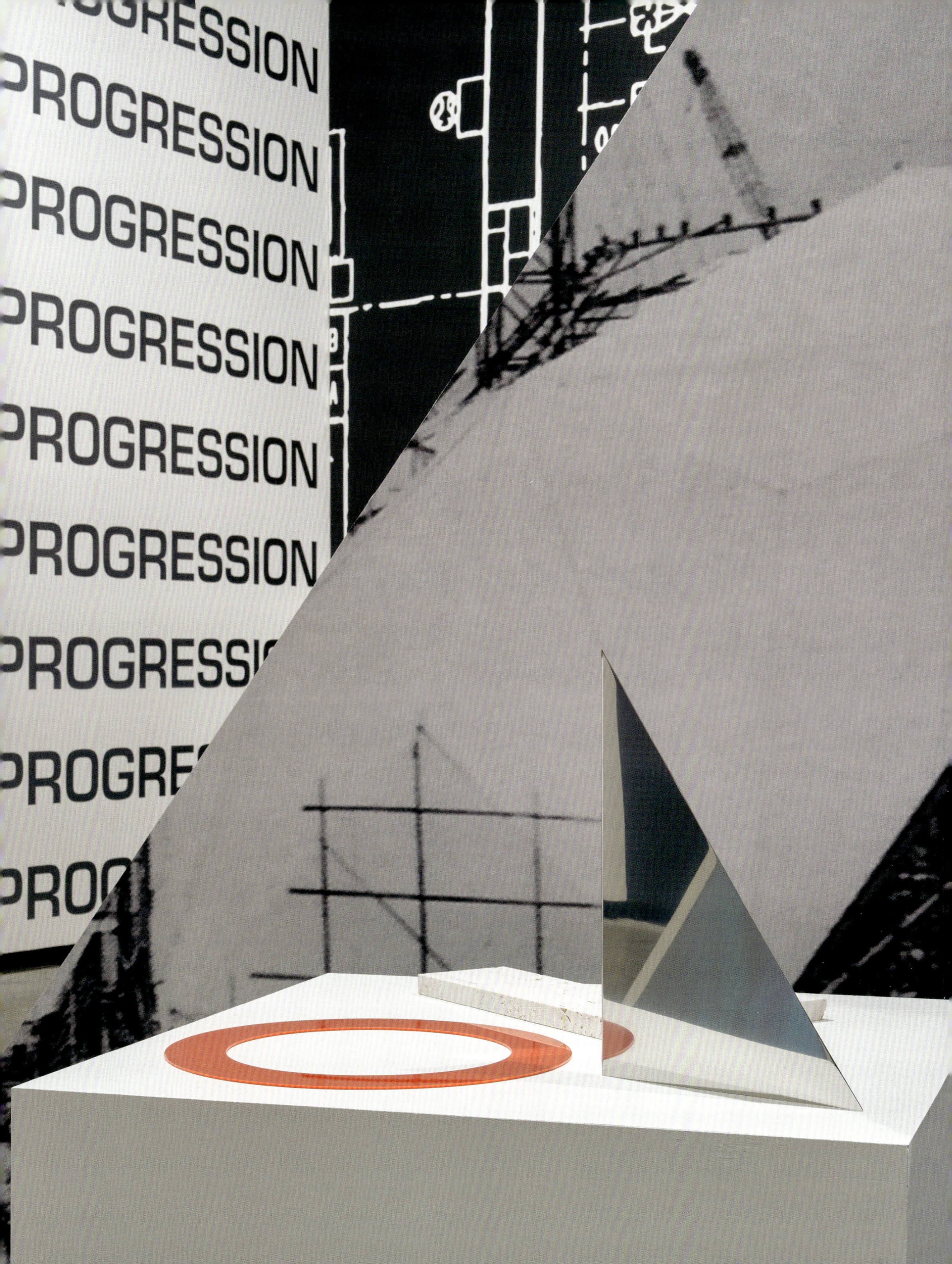
PROGRESSION
PROGRESSION
PROGRESSION
PROGRESSION
PROGRESSION

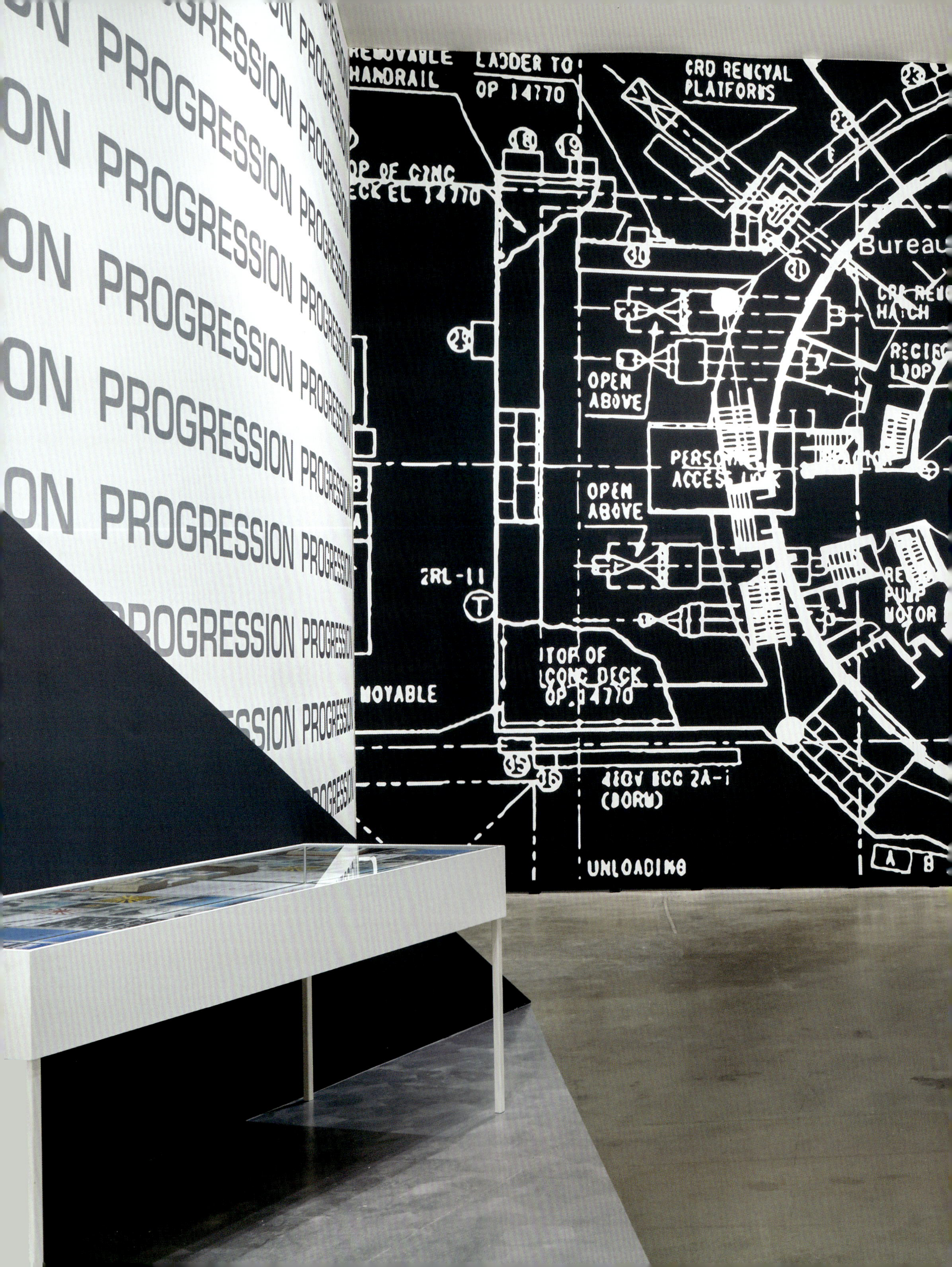
PROGRESSION
HANDRAIL
LADDER TO
OP 14770
Bureau
OPEN ABOVE
OPEN ABOVE
2RL-11
MOVABLE
UNLOADING

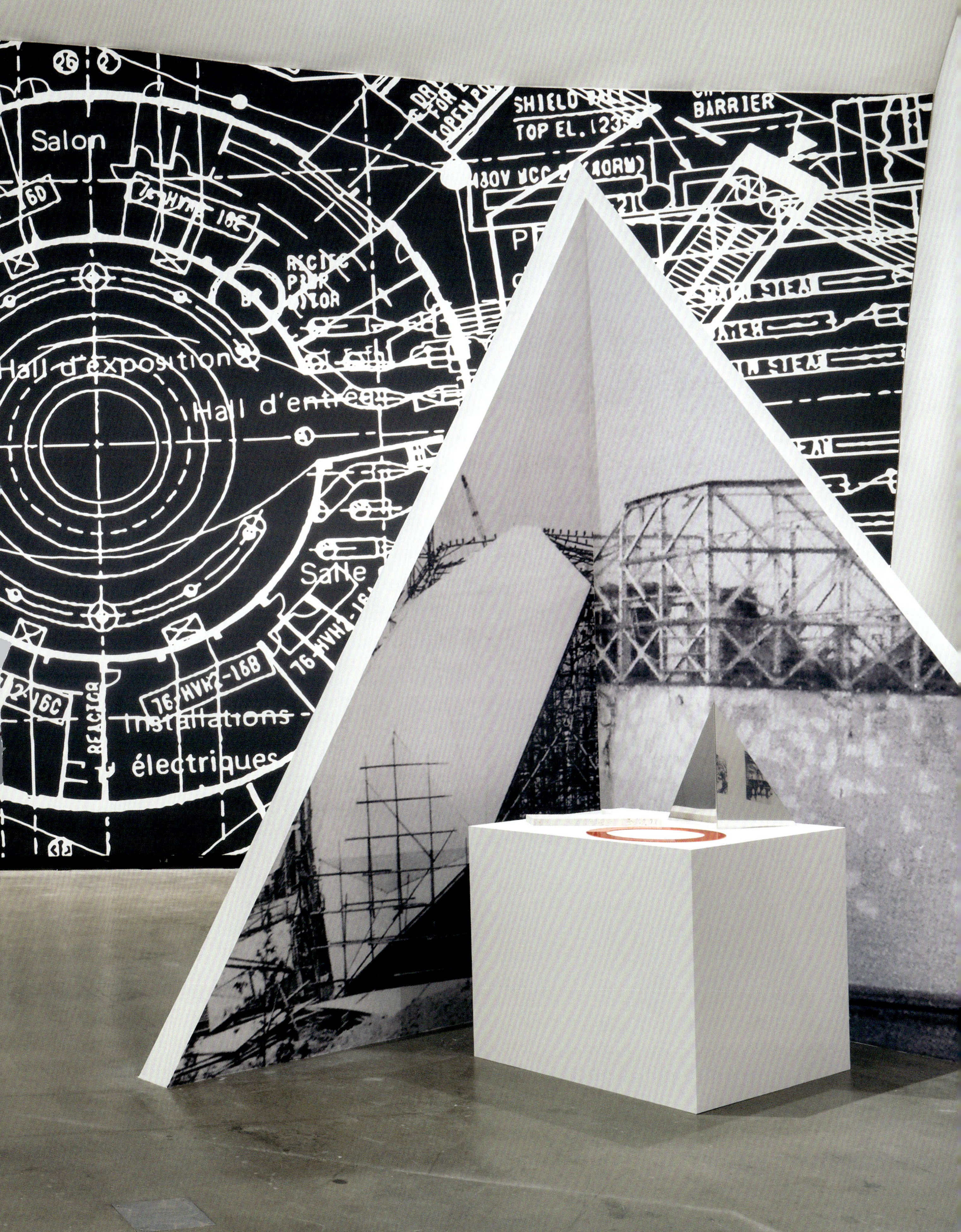
Salon
Hall d'exposition
Salle
Installations
électriques
BARRIER

Märkischen Museum in Witten in ihrer Ausstellung *Triumvirat* die Konturen des gigantischen, fünfeckigen Pentagons in Washington, die auf Geometrie und Symmetrie beruhende Villa Badoer von Andrea Palladio sowie Le Corbusiers Plan Voisin als bahnbrechendes Grundprinzip des modernen Städtebaus für Paris. Jedoch wirken diese schwarz-weißen Konturen wie von sich selbst überschattet. Die Grundrisse erscheinen als nervöses und vielschichtiges Liniengewirr, als ein undurchsichtiges Gespinst längst vergangener Zeiten, seiner Deutung selbst unklar. Aus dieser Vielstimmigkeit entwickeln Breuer, Freytag und Münch ein einheitliches Wandbild im Schwarz-Weiß-Kontrast. Der eigentliche Inhalt des Gezeigten reduziert sich auf ein abstraktes, grafisches Muster. So als bliebe die Erinnerung an vergangene städtebauliche Utopien und Visionen in ihrem Wandbild konserviert, als Mahnmal für aktuelle Entwicklungen und den sich stets wiederholenden Lauf von Fort- und Rückschritt. Die Kollision der unterschiedlichen Bauten, Stadtentwürfe und Denkrichtungen stellt die Frage in den Raum, wie diese vielfältigen Einflüsse unsere Welt heute prägen. Wie lassen sich Vergangenheit, Gegenwart und Zukunft zusammenbringen?

Die vielen Komponenten, seien es Architekturentwürfe, Kunststile oder Materialien, die die Künstler auf verschiedenen Ebenen vereinen, verdeutlichen ihre Arbeit mit visuellen und inhaltlichen Clustern. Dabei werden ursprünglich getrennte Inhalte zusammengebracht: Historische und zeitgenössische Quellen, unterschiedliche Stile und künstlerische sowie architektonische Referenzen verdichten sich zu einem komplexen System. Neben den bereits beschriebenen Wandmalereien geschieht dies auch in Sammlungen von Referenzbildern, wie beispielsweise in ihrer Arbeit *FUSION / CONFUSION* im Museum Folkwang, Essen 2008, in *RECOLLECTION* bei Plato Sanat in Istanbul 2011 oder wie bei der beschriebenen Vitrine mit Materialien im Marta Herford 2018. Mit diesem Vorgehen stellt sich KONSORTIUM bewusst in die Tradition kunsthistorischer Vorbilder wie Aby Warburgs Bildatlas *Mnemosyne* oder auch André Malraux' *Musée imaginaire*. Durch die eklektische, ahistorische und suggestive Nebeneinanderstellung unterschiedlicher Quellen, die allesamt gleichwertig erscheinen, eröffnen sich neue Denkmodelle.

Und dies ist ein weiterer wichtiger Teil des künstlerischen Ansatzes der Konsorten: der Rückgriff auf das Modell als Symbolsystem. Klassisch auf einem Sockel ruhend ist das Modell wesentlicher Bestandteil ihrer Rauminstallationen. Es kann wie bei *Progression / Regression* ein Verweis auf die individuellen Arbeitsweisen der drei Künstler sein, die sie mit der abstrakten Bildsprache des Minimalismus zusammenbringen oder wie im Märkischen Museum in Witten Le Corbusiers Architekturvisionen zitieren, welche allerdings in ihrer schematischen Reduzierung auf die Kreuzform eher dystopisch erscheinen und jeglichen Bezug auf einen konkreten Ort, eine Zeit oder Gesellschaftsform verlieren. Die Kreuze mutieren zu Hüllen einer Idee, die eher einem Friedhof für Utopien als einer gültigen, anwendbaren Architekturvision gleichen.

Dem Modell scheint in der Gesamtinstallation durchaus eine universellere Funktion als ihr konkreter Bezug zuzukommen. Beschäftigt man sich etwas ausgiebiger mit der Bedeutung des Modells, steht dieses nicht nur für das in ihm gezeigte, sondern es versucht, die Welt im Großen zu veranschaulichen und begreifbar zu machen. Durch eine reduzierte Visualisierung soll ein Zugang zu komplexen Sachverhalten ermöglicht werden. Dabei handelt es sich um eine etablierte Kulturtechnik des Menschen, eine bessere Übersichtlichkeit zu erzeugen und Zusammenhänge vereinfacht vermitteln zu können. Laut der Theorie von Herbert Stachowiak gibt es drei Merkmale eines Modells: Modelle sind Abbilder, die etwas repräsentieren. Es handelt sich um Verkürzungen, die die fundamentale Funktion herausstellen. Sie besitzen ein pragmatisches Merkmal und sind immer auf spezifische Zwecke und eine Intention bezogen.[5] Modelle werden eingesetzt, um die erfahrbare Wirklichkeit zu beschreiben. Sie sind die Bildwerdung einer Idee, einer Theorie oder eines wissenschaftlichen Ansatzes. Für diese Bildwerdung werden

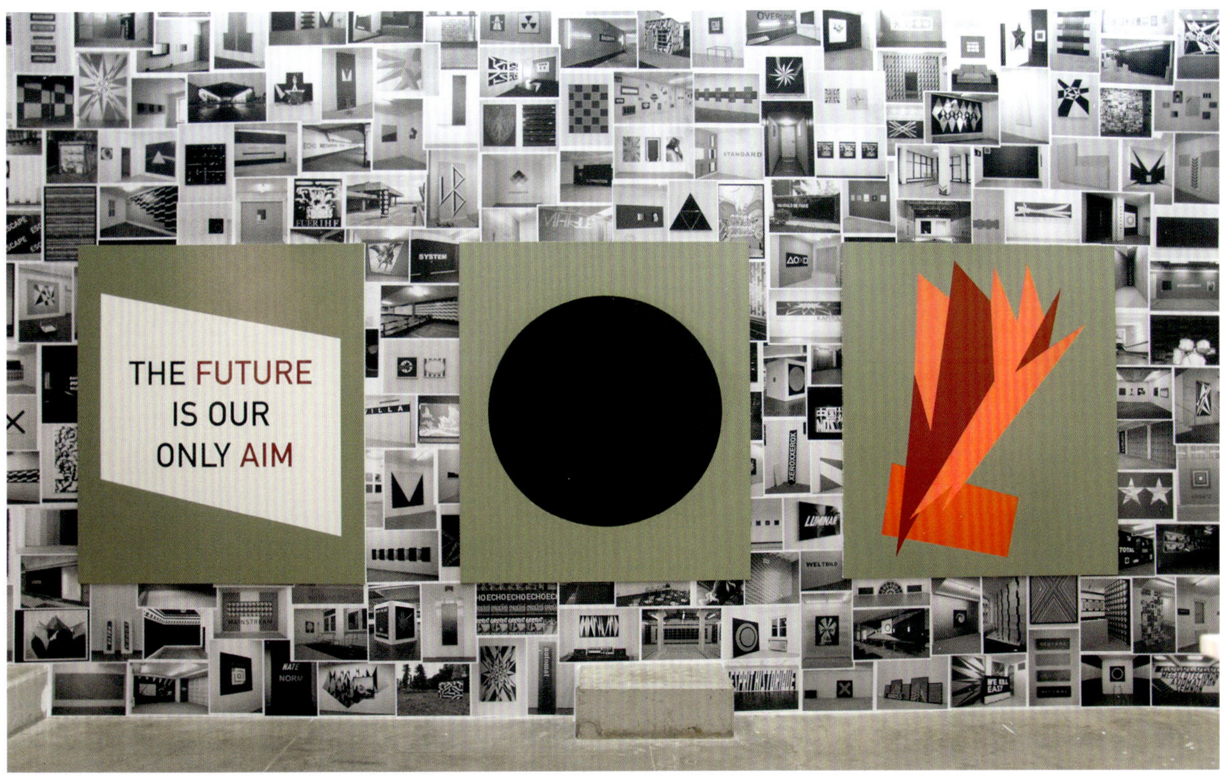

Zeichen als Symbole verwendet, die für etwas stehen, da der menschliche Geist Zeichensysteme benötigt, um verstehen zu können. „Modelle sind Zeichen- und Interpretationskonstrukte zum Erreichen der angesprochenen Zwecke."[6] Und dabei „besitzen Modelle offenbar von Beginn an einen über ihre engere Bestimmung hinausgehenden, die Bereitschaft zum Handeln und zum Denken stimulierenden Überschuß"[7].

KONSORTIUM bedient sich also genau dieses Ansatzes: Mithilfe abstrakter Zeichen, die von dem Betrachter gelesen und gedeutet werden sollen, verweisen sie teils auf konkrete Referenzen, aber damit genauso auch auf Denkmodelle, die bestimmte Ansichten und gesellschaftliche Anschauungen verdeutlichen. Das Modell bildet also nicht primär etwas ab, sondern verweist auf das theoretische Konstrukt hinter den komplexen Werken von KONSORTIUM: Darauf, dass alle abstrakten Zeichen, die verwendet werden, alle Symbole, Farben, Schriften, Materialien für einen größeren Zusammenhang stehen. Das Modell steht für eine Art Speicher von künstlerischen Referenzen und Theorien, Weltbildern und Utopien, bricht diese auf eine reduzierte ästhetische Form runter und wird zum Symbolsystem für ihren künstlerischen Ansatz. So steht die komplexe Überlagerung der unterschiedlichen Quellen für eine ganz eigene und gar nicht frustrierende Genealogie der Konsorten.

1 Konsortium zitiert nach Kiefer, Theresia: Studiere das Alte aber erschaffe das Neue. In: *Mastercopy. Lars Breuer, Sebastian Freytag, Guido Münch.* Ausst.-Kat. Wilhelm-Hack-Museum, Bielefeld, 2009, S. 75.

2 Ebd., S. 75.

3 Interview mit KONSORTIUM und Reinhard Spieler (Sebastian Freytag). *Mastercopy*, Ausst.-Kat. Wilhelm-Hack-Museum, Bielefeld, 2009, S. 79.

4 Schmidt, Sabine Maria: *What we do is secret! KONSORTIUM im Museum Folkwang.* In: KONSORTIUM: *Overground / Underground.* Essen, 2012.

5 Modelltheorie von Herbert Stachowiak, vgl.: Dirks, Ulrich: *Modelle, Kunst und Wirklichkeit.* In: *update – Die Welt als Modell.* Ausst.-Kat. Montag Stiftung Bildende Kunst (Hrsg.), Nürnberg, 2010, S. 117.

6 G. Abel zitiert nach: Dirks, Ulrich: *Modelle, Kunst und Wirklichkeit.* In: *update – Die Welt als Modell*, S. 122.

7 Bredekamp, Horst: *Modelle der Kunst und der Evolution.* In: Berlin-Brandenburgischen Akademie der Wissenschaften (Hrsg.): *Modelle des Denkens.* Heft 2. Berlin, 2005, S. 14

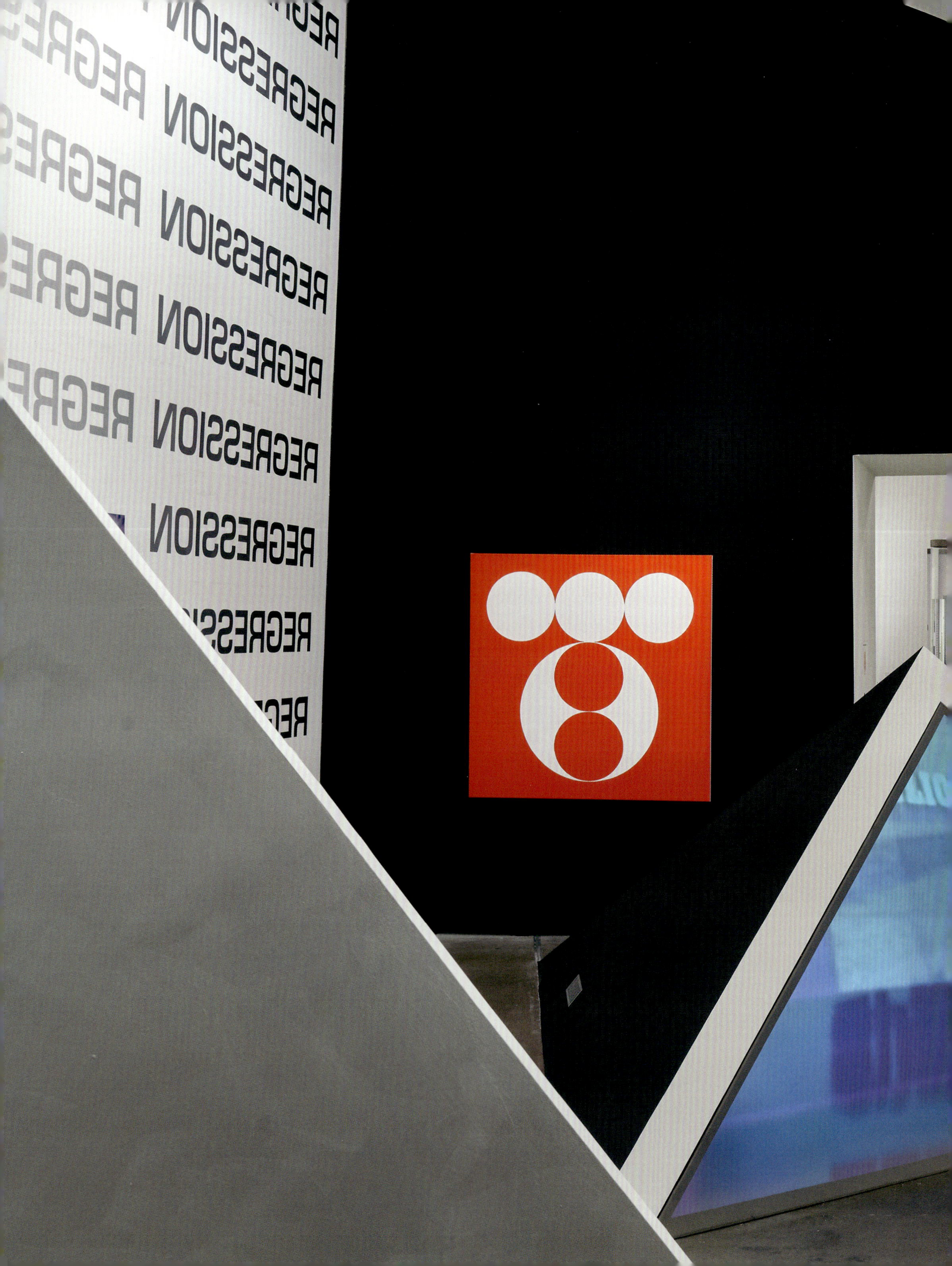
REGRESSION
REGRESSION
REGRESSION
REGRESSION
REGRESSION
REGRESSION

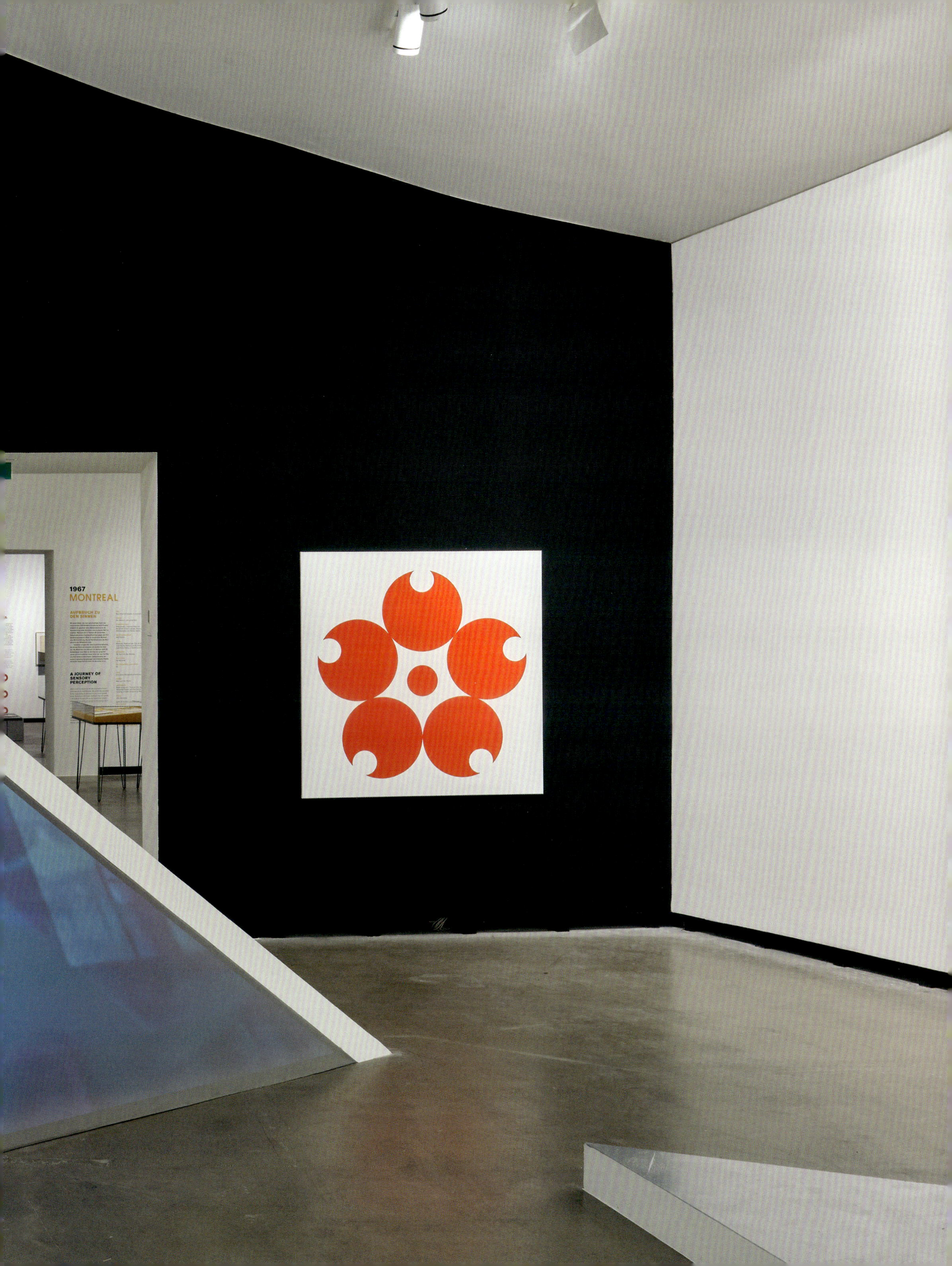
1967
MONTREAL
AUFBRUCH ZU DEN SINNEN
A JOURNEY OF SENSORY PERCEPTION

KONSORTIUM AND THE CODES OF PAINTING

MICHELLE GRABNER

Painting is transactional. And like all negotiations it is most effective when it is purposefully dynamic, mutable, and contingent. KONSORTIUM's implementation of painting performs within a highly provisory exchange, where disrupting the operations of power embedded in the language itself, its histories, and its contract with the viewer is reflexive, urgent and political. Critical opportunities are lost when painting becomes unambiguously transparent, something KONSORTIUM refused to relinquish in their collective and individual practices. Yet so much of contemporary painting is taking a calculated turn toward staid literal meaning and unimpeachable didactic exchange. The result is a clear albeit benign transaction between painting and its audience, between ideas and analysis. This new embrace of perspicuity comes at a great loss to active interpretation, irony, and all the vivid and critical rhetorical effects that painting can manifest. Conversely KONSORTIUM's painting engagement seeking to expose cultural dominance by humorously its masterful tropes and by bearing down on cultural power grabs by producing painting for critical stagecraft.

There are three markedly exaggerated visual tropes driving KONSORTIUM's paintings. Color, graphicness, and scale are deployed in concert to protract the political dynamics at work in the KONSORTIUM's on-going examinations of artistic authority, originality, institutional influence, and other constructs of modernity. An enthusiastic combination of rhetorical effects injected into a complex system of references, the collective's insistence in a vast and active field of interpretation, reflexivity, and critique is always at the fore.

Metallic colors punctuate resplendent planes of blue and the renewing qualities of sea-foam green in KONSORTIUM's program of painting that rejects the subjectivity of the artist and the material properties of paint. Expressionist touches, washy applications, emotional color, and impressionistic gradients are renounced for the confidence of uniformity, saturation, bold contrast, and symbolic color. The twentieth century monochrome is paraded en bloc in T*RIUMVIRAT* so as to collapse its authority under its own weight. And a limited palette of imperious color disintegrates official meaning and insists on alternative interpretations. "Colors love to betray themselves, like yellow meaning gold, awesome, and holy, but also treason and cowardice, as well as having a long history in the Christian West to mark adulterous woman, Jews, Muslims, prostitutes, heretics, witches, and executioners." This quote by anthropologist Michael Taussig underscores KONSORTIUM's loosening of the restraints of coding by doubling down on the

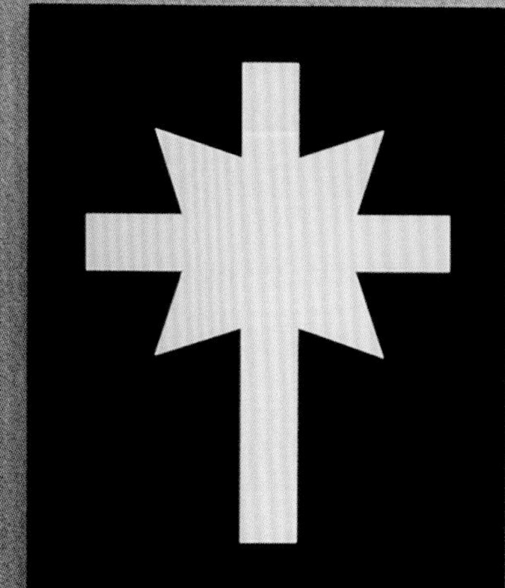

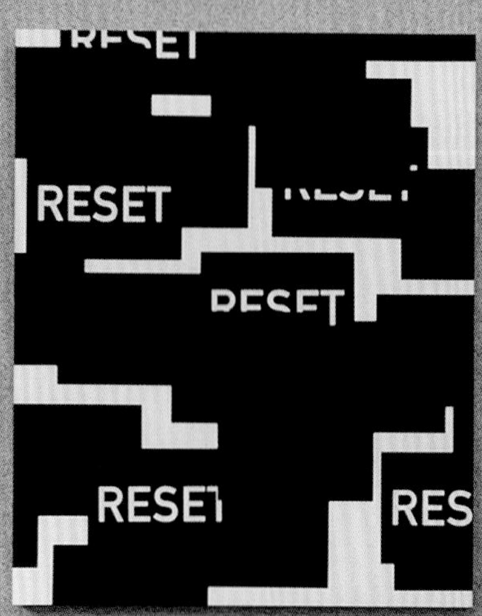
RESET
RESET
RES

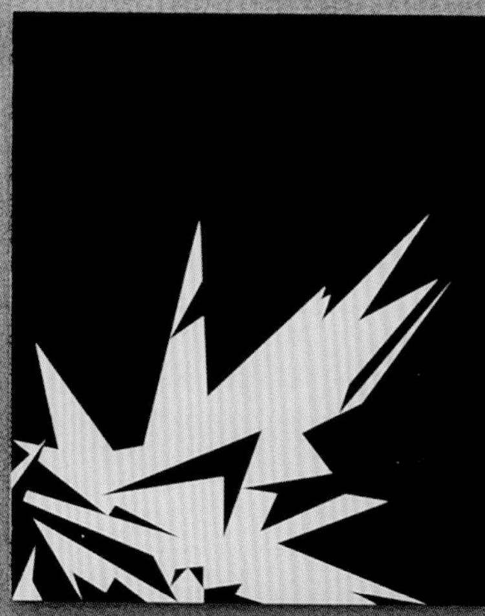

authority of a bureaucratic color system. Through color reiteration and monochrome monumentality, KONSORTIUM makes sport of a 1970s German progressive rock band, the rule of the Roman Empire, and themselves.

Attaching color identification to the three individuals comprising KONSORTIUM (Lars Breuer, Sebastian Freytag and Guido Münch) is also a play at examining Modernism's ever-problematic notion of taste and connoisseurship. As backgrounds to three individual portraits that hang side-by-side, viewers can discern that Münch has 'selected' blue, Freytag 'selected' sea-foam green, and Breuer 'selected' cooper as iconic color emblems. These color monograms are then folded into three large-scale architectural installations that are juxtaposed with a single iconic abstract forms. In each of these installations the center wall motif is composed of a central white shape on a black ground. The flanking color walls regulate and assign individual jurisdiction to the copious volume of the three architectural installations. Satirical to halls to the hierarchies of Modernism, KONSORTIUM's utilization of color as a signifier of hegemony is indicting and absurd. It demands an active reworking of color and its capacity from the viewer.

As with color, graphic clarity and flatness are also a tool used to undercut the unyielding influence of the modern mastery, the ordered power of three, and the ‚presumptuous' and ‚disturbing' characteristics of modernity. Hardedge abstractions and singular geometries exhort instantaneous unity and communicate invulnerability. Clement Greenberg claims: "Unity is the first requirement of a work of art." Going on he states: "As is the case with almost all post-cubist painting of any real originality, it is the tension inherent in the constructed, re-created flatness of the surface that produces the strength of art." And further he proclaims that "a modernist work of art must try, in principle, to avoid communication with any order of experience not inherent in the most literally and essentially construed nature of its medium. Among other things, this means renouncing illusion and explicit subject matter." A program of "purity" and "abstraction" as a high modernist aim may support a reductive formal analysis but its elitism and narrow range of evaluation is brought to absurdity in KONSORTIUM's muscular graphics.

Didactic language in bold black-and-white text inflates institutional mandates with design, painting and mural work. White san serif text reading KONSORTIUM dominates high above the text *Triumvirat* which lines the black wall just above the floor. Exhibition didactics becomes a power position: KONSORTIUM trumps Triumvirat; Lars Breuer, Sebastian Freytag and Guido Münch trump KONSORTIUM. There is no ambiguousness in the power dynamics articulated in the appropriated visual languages and the genres at play here. But it's clarity is not sincere. Mocking authorship and modernity's authoritative claims are akin Darren Bader's money collecting kiosk in the Whitney Biennial (2014) or Christopher Wools billboard contribution to the Carnegie International, (1991/1992) spelling out "Show is Over" in black stencil text on a white ground.

Negotiated with the social dynamics of architecture, KONSORTIUM's stratagem further inflate painting and Modernism's hubris. The codes of painting delivered as propaganda communicated writ large within the interior volumes of institutions elaborates on David Joselit's observation that paintings must be "beside itself" or "networked." And as a form of sign production attached to the architecture of public institutions KONSORTIUM's wall murals underscore painting as a semiotic activity albeit a critically unresolved one. "That painting is a sort of discourse producer that arrives at its own insights" is perversely inverted in the commanding compositions and monochrome expansions that comprise KONSORTIUM's program. Here painting's support is neither canvas nor architecture, but Modernism's privilege and superiority.

The achievement of KONSORTIUM's projects are dependably complex, critical and ironic. A seductive display of craft, design and ambition taunts the viewer's intellect and dares us to indulge in its dominance and abide by its fraudulently constructed value systems. Seeing the satirical humor that threads through the aesthetics of authority, including a full range of self-deprecating digs at themselves, KONSORTIUM is more than a group of talented pranksters who are highly accomplished at painting, graphics, and installation-production. They convey a critical consciousness that pokes both at dogmatisms and our desire to keep resuscitating them. It is necessary cultural work and KONSORTIUM unflinchingly deploys a satisfying range of rhetorical devices that most artists today unfortunately dodge.

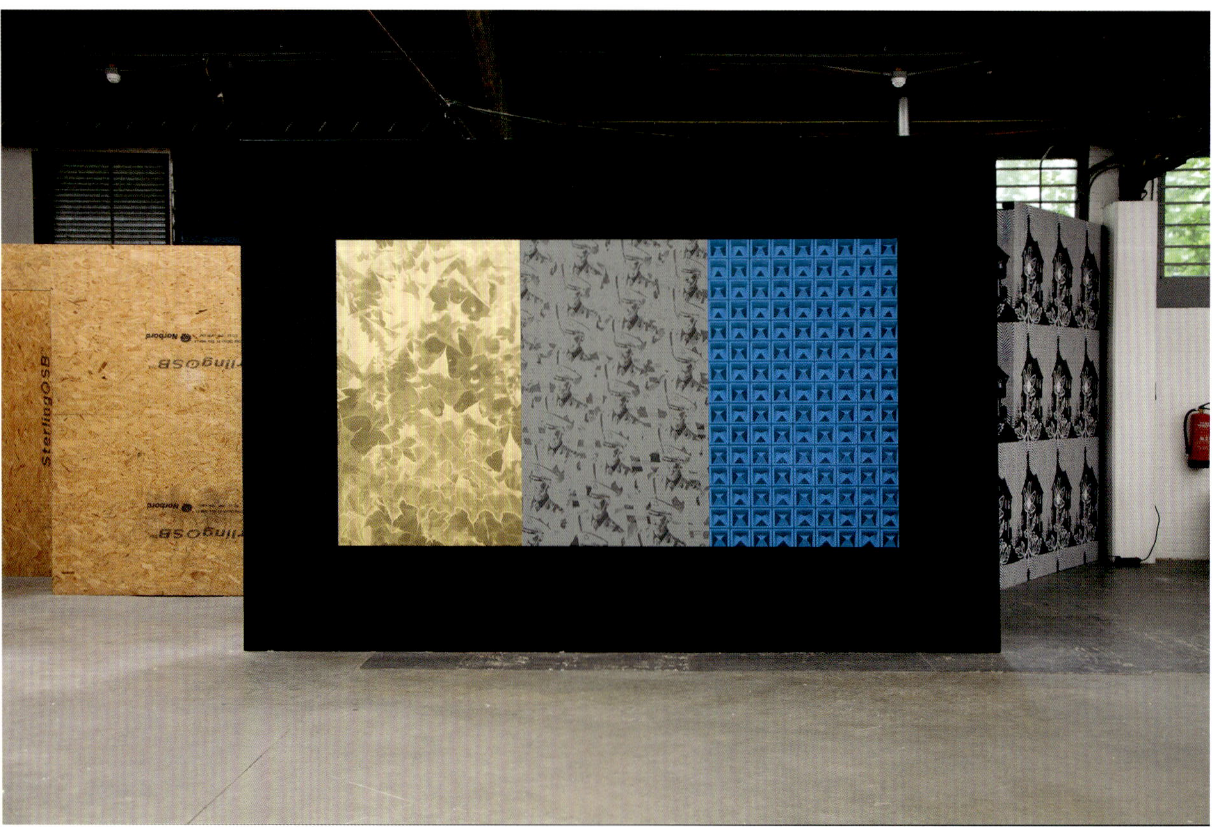

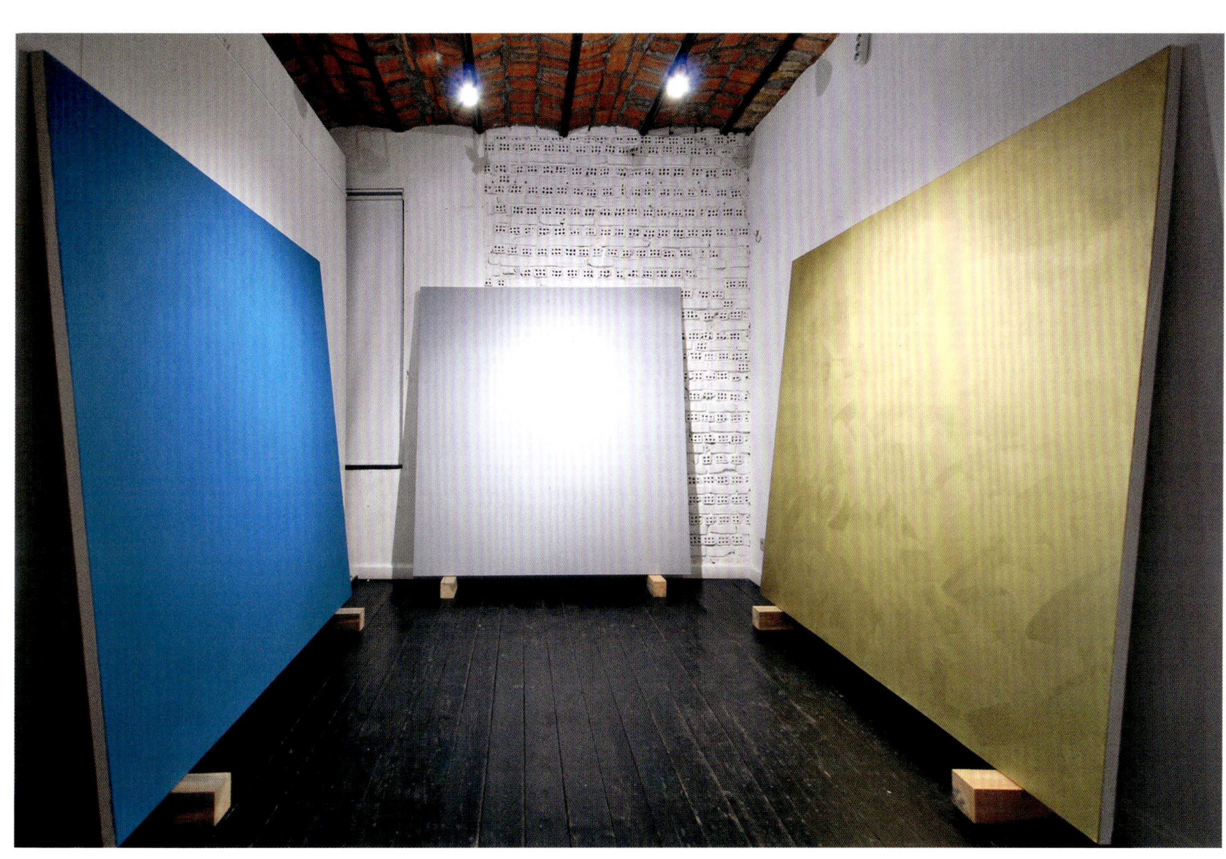

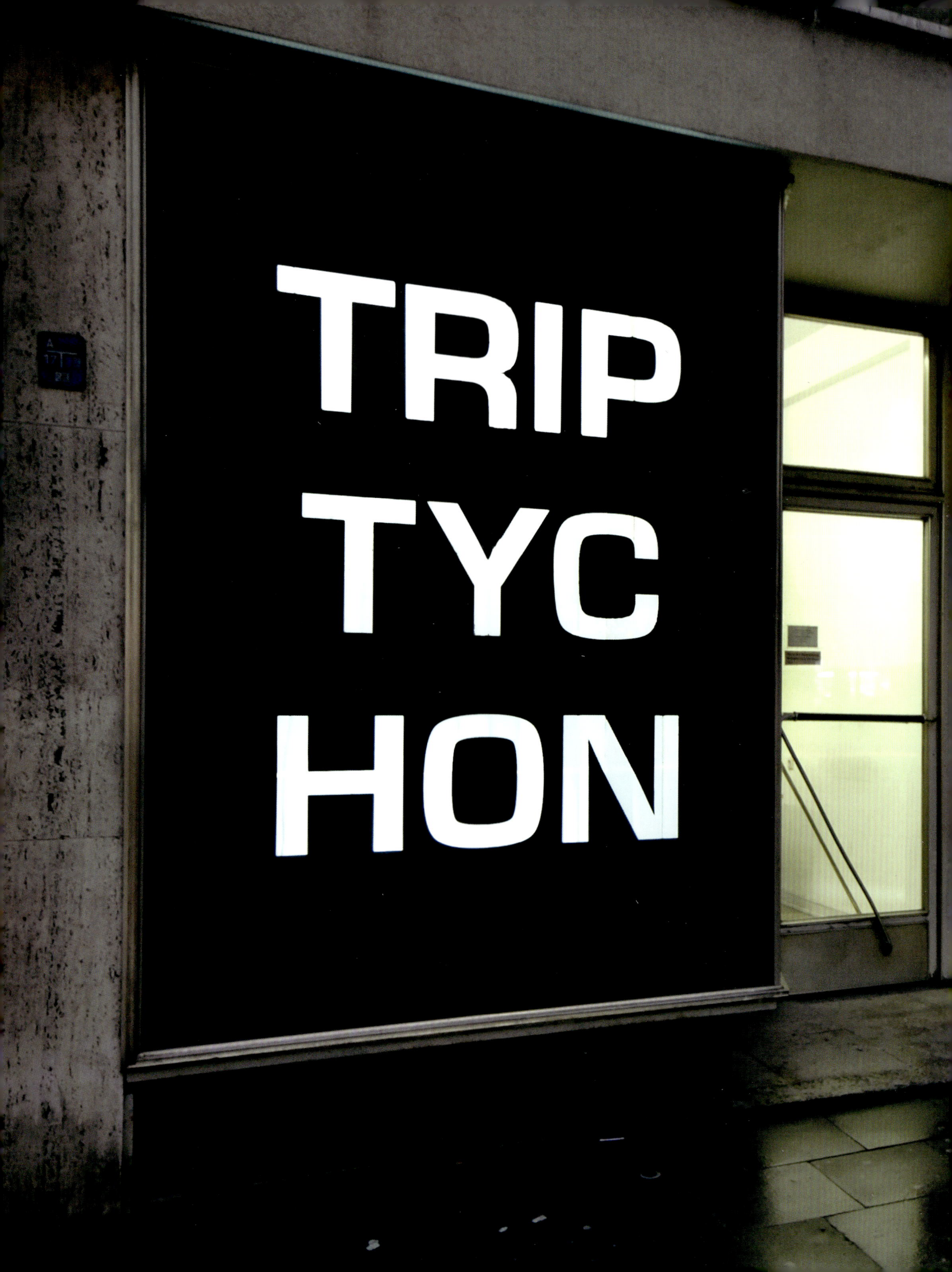

TRIP
TYC
HON

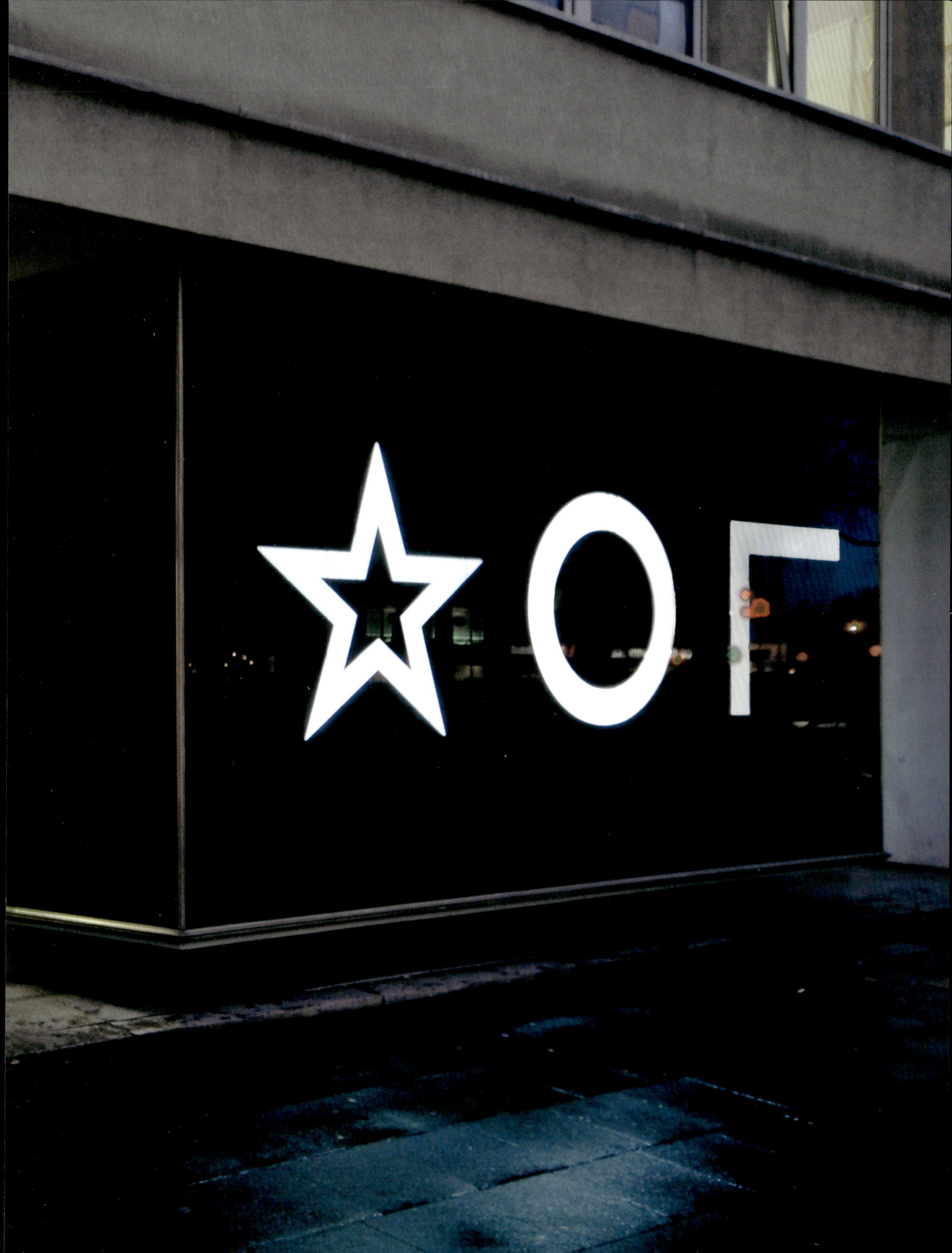

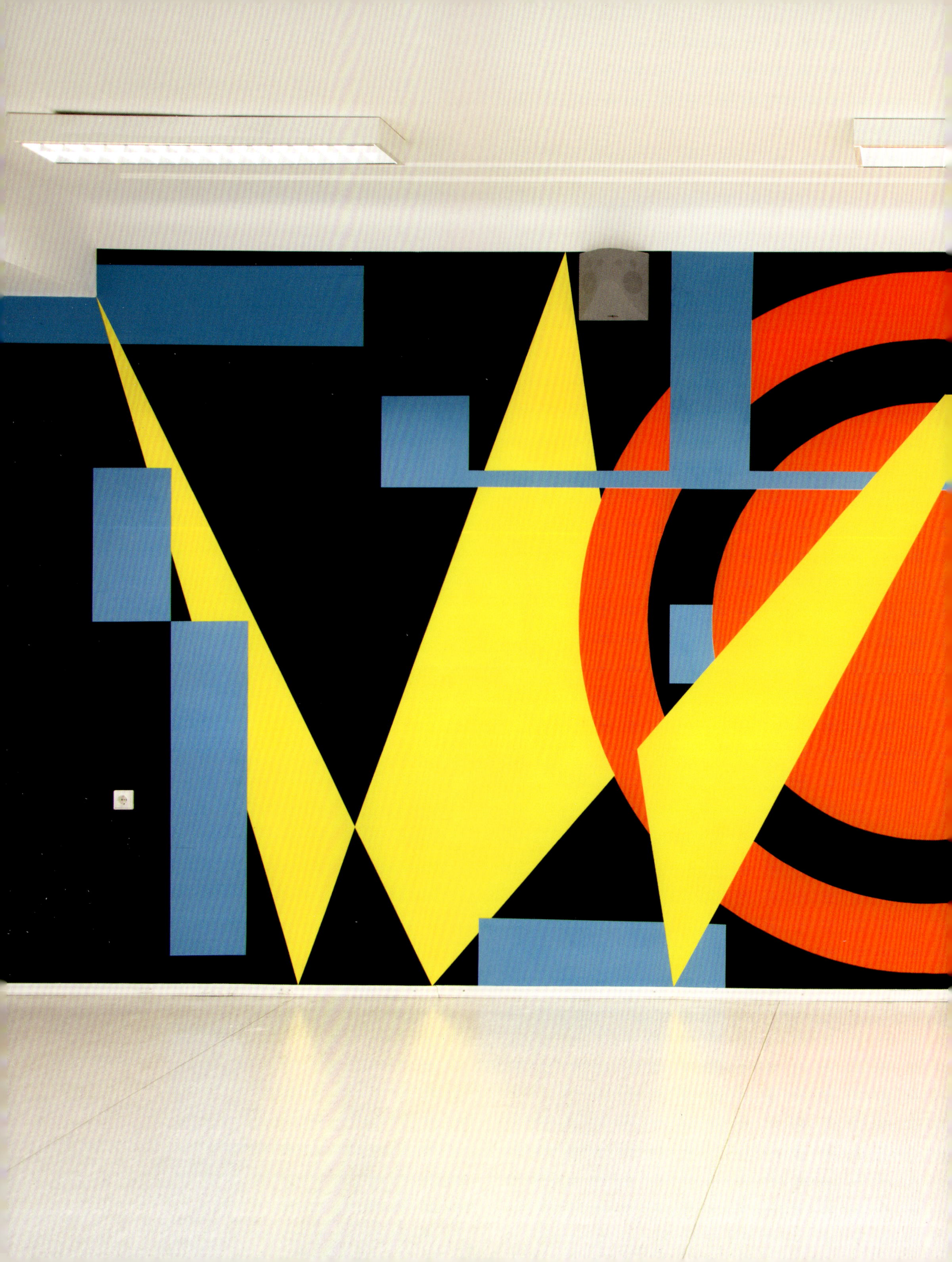

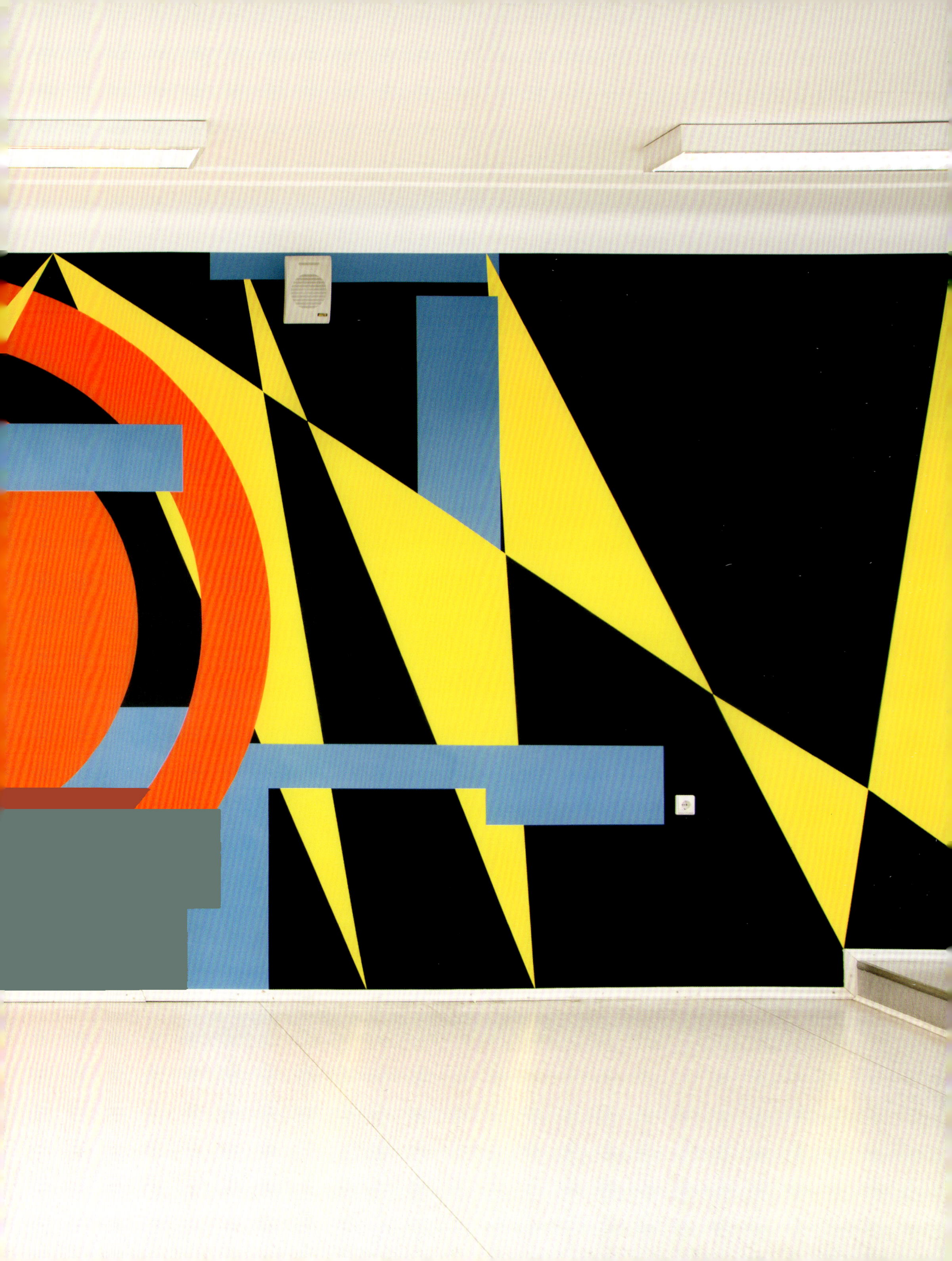

WERKANGABEN / INSTALLATIONEN

S. 9–19
Installationsansichten *Triumvirat*
Märkisches Museum Witten, 2019

S. 23
Installationssansicht *n'exposent pas!*
Städtische Galerie / Kunst-Station Wolfsburg, 2015

S. 24–25
Installationsansicht *Parallelwelten*
In Medias Res, Kunstverein Arnsberg, 2019

S. 26, 28–29
Ausstellungsansicht *Kapitał*
Survival Festival Wrocław, 2018

S. 31
Ausstellungsansicht *Das Neue Rheinland*
Museum Morsbroich, Leverkusen, 2010

S. 33
Ausstellungsansicht *Komposit*
Einraumhaus c/o, Mannheim, 2016

S. 34–35
Ausstellungsansicht *Vorsprung durch Technik*
Tenderpixel, London, 2013

S. 36–37
Ausstellungsansicht *Spaceinvader*
Karst, Plymouth, 2012

S. 40
Wandmalerei *Addition*
10. Biennale, Kaunas, 2015

S. 42–45, 48–49
Installationsansichten *Progression / Regresson*
Brisante Träume, Marta Herford, 2018

S. 47
Ausstellungsansicht *Recollection*
Plato Sanat, Istanbul, 2011

S. 52
Ausstellungsansicht *Whatever color you have in mind*
Galerie Ruth Leuchter, Düsseldorf, 2013

S. 54
Ausstellungsansicht *PS 1999 – 2014*
de Service Garage, Amsterdam, 2014

S. 55
Installationsansicht *Hate Norm Loss*
Alan, Istanbul, 2011

S. 56–57
Installationsansicht *Triptychon*
Jagla Ausstellungsraum, Köln, 2012

S. 58–59
Installationsansicht *Morph*
VDU MENU GALERIJA „101", Kaunas, 2014

S. 61
Installationsansicht *Exit Open Sale*
Schauort Zürich, 2011

S. 62
Installationsansicht *Stellen nicht aus*
Städtische Galerie Wolfsburg, 2015

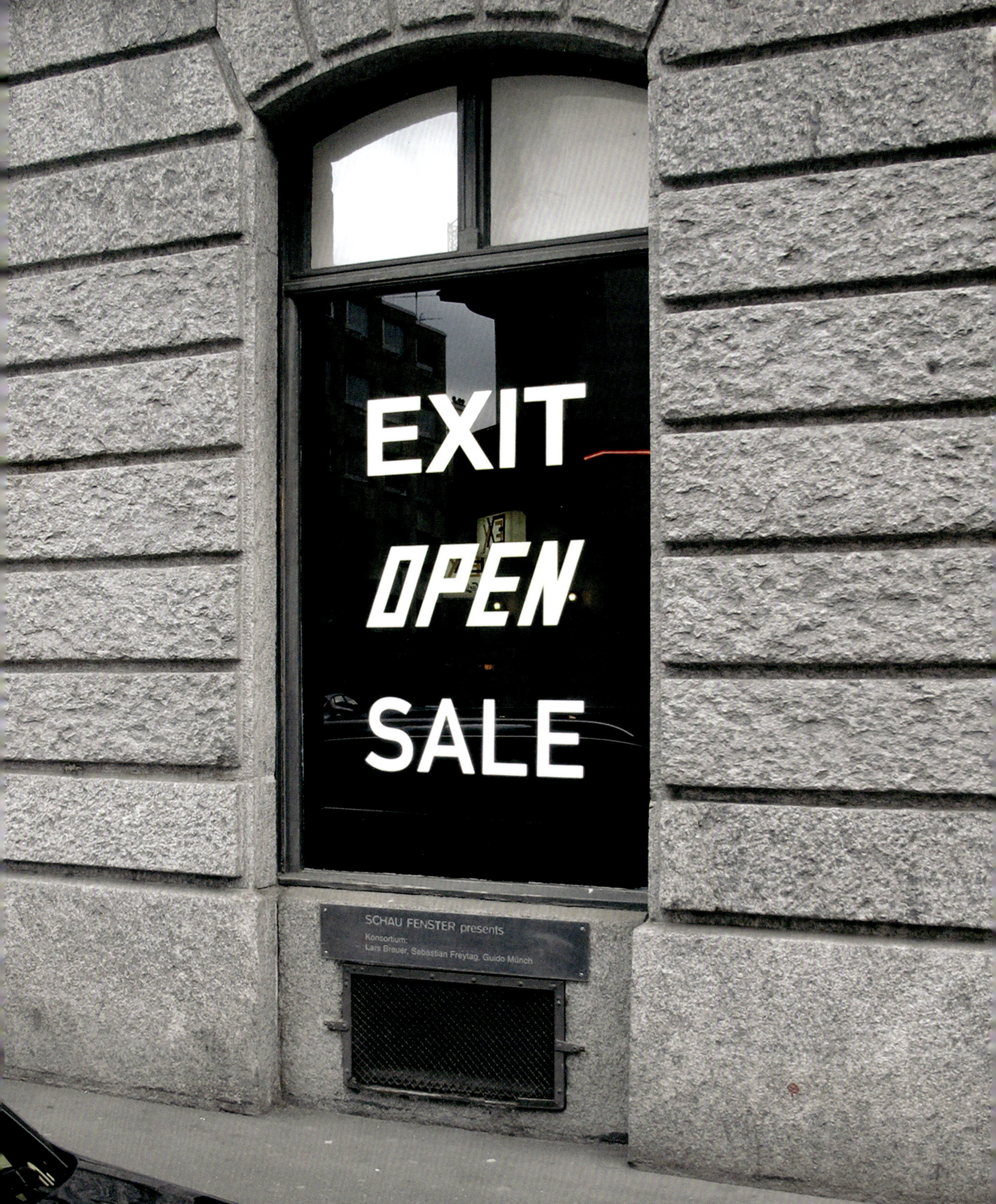
EXIT
OPEN
SALE
SCHAU FENSTER presents
Konsortium:
Lars Breuer, Sebastian Freytag, Guido Münch

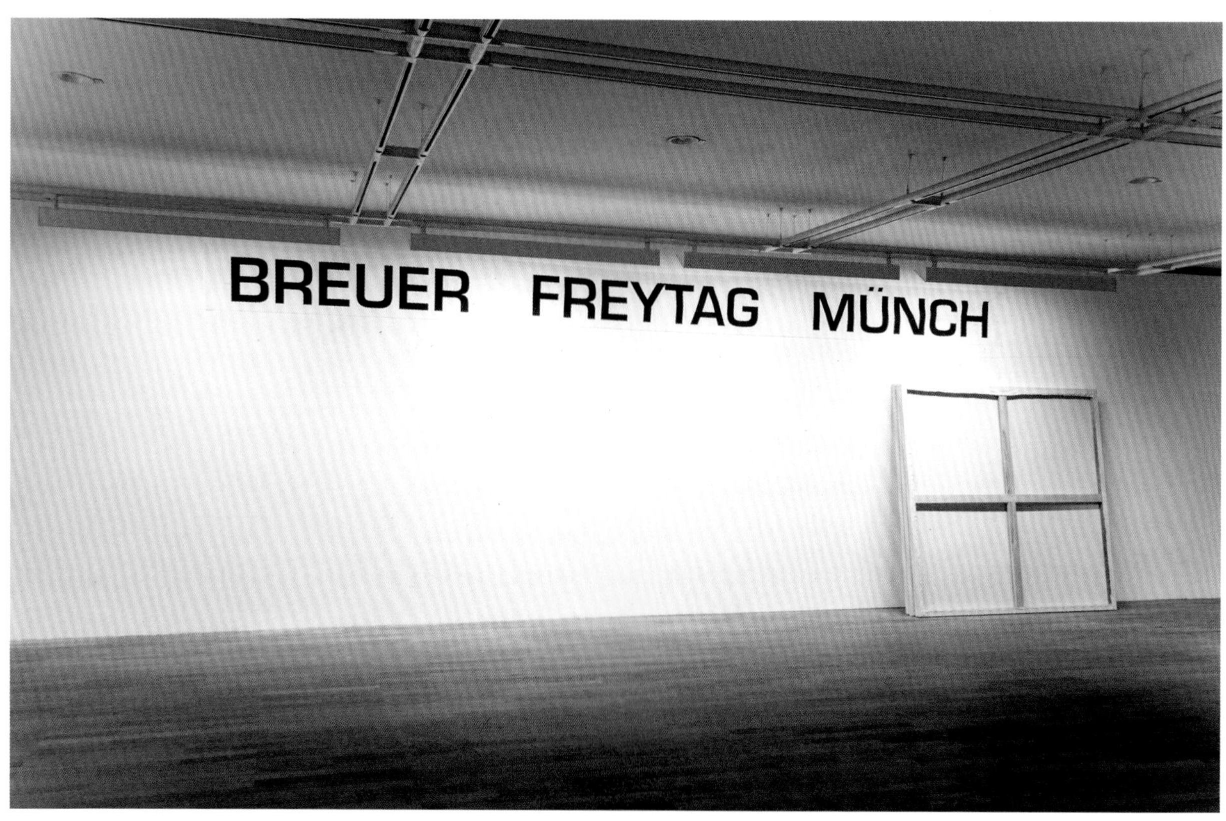

KONSORTIUM ist ein Kollektiv der drei Künstler Lars Breuer (*1974, lebt in Köln), Sebastian Freytag (*1978, lebt in Köln) und Guido Münch (*1966, lebt in Düsseldorf). Verbunden durch ihr gemeinsames künstlerisches Interesse betrieben sie von 2004 – 2010 einen gleichnamigen Ausstellungsraum in Düsseldorf. Diese kollektive Tätigkeit geht einher mit dem Kuratieren von Gruppenausstellungen wie *Secondary Structures* im KIT/ Kunsthalle Düsseldorf (2007), *Gold* im Sydney College of the Arts (2009) und *Dystotal* im Pori Art Museum (2014) und Ludwig Forum für Internationale Kunst Aachen (2016).

Einzelausstellungen von KONSORTIUM waren unter anderem: *Schwarz*, RMIT Gallery, Melbourne (2009), *Eurostyle*, The Suburban, Chicago (2009), *Mastercopy*, Pori Art Museum, Pori (2010), *Spaceinvader*, Karst, Plymouth (2012), *Golden Dream Construction*, House of Art, Ceské Budejovice (2013) und *Stellen nicht aus*, Städtische Galerie Wolfsburg (2015). Des Weiteren war KONSORTIUM auf der 10. Biennale in Kaunas vertreten (2015), in Gruppenausstellungen beispielsweise im ZKM | Museum für Neue Kunst, Karlsruhe (2008), Museum Folkwang, Essen (2008), im Museum Morsbroich, Leverkusen (2010), Justin Art House Museum, Melbourne (2016) und im Museum Marta Herford (2018).

Neben den kollektiven Projekten arbeiten Lars Breuer, Sebastian Freytag und Guido Münch als Solokünstler.

IMPRESSUM / COLOPHON

Dieser Katalog erscheint anlässlich der Ausstellung
Triumvirat im Märkischen Museum Witten 16.2. – 26.5.2019
This catalog is published on the occasion of the exhibition
Triumvirat, at Märkisches Museum Witten 02/16 – 05/26/2019

Herausgeber / Editor
Christoph Kohl, Märkisches Museum Witten

Konzeption / Concept
KONSORTIUM, Düsseldorf / Köln / Cologne

Gestaltung / Design
Sebastian Freytag, Köln / Cologne

Texte / Texts
Michelle Grabner, Christoph Kohl, Ann Kristin Kreisel, Manuela Mehrwald, Claudia Rinke

Fotonachweis / Photo Credits
Ben Hermanni S. / pp. 1, 9–19, 42–45, 48–49, 64
KONSORTIUM S. / pp. 23–26, 28–29, 31, 33–37, 40, 47, 54–59, 61, 62
Jan van der Ploeg S. / pp. 52

Dank an / Thanks to
Grigori Skrylev, Christoph Kohl, Jimmy Leung, Lydia Peter, Vera Pues, Claudia Rinke, Ursula Wissborn

Produktion / Production Management
DISTANZ Verlag

Gesamtherstellung / Printing and Binding
optimal media GmbH, Röbel/Müritz

Vertrieb / Distribution
edel Germany GmbH
www.edel.com
international-books@edel.com

ISBN 978-3-95476-309-2
Printed in Germany

Erschienen im / Published by
DISTANZ Verlag
www.distanz.de

Großzügig unterstützt von / Kindly supported by

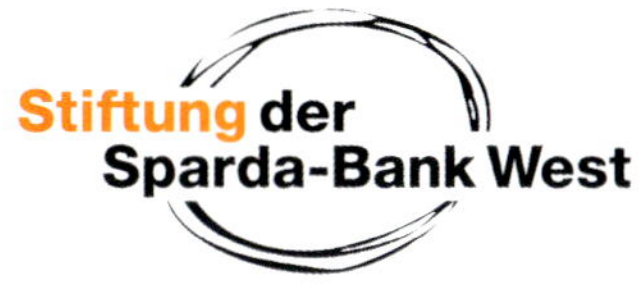

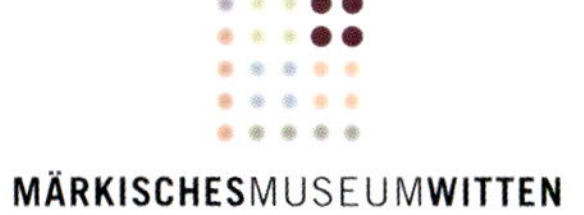

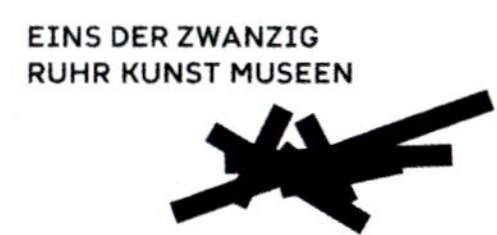

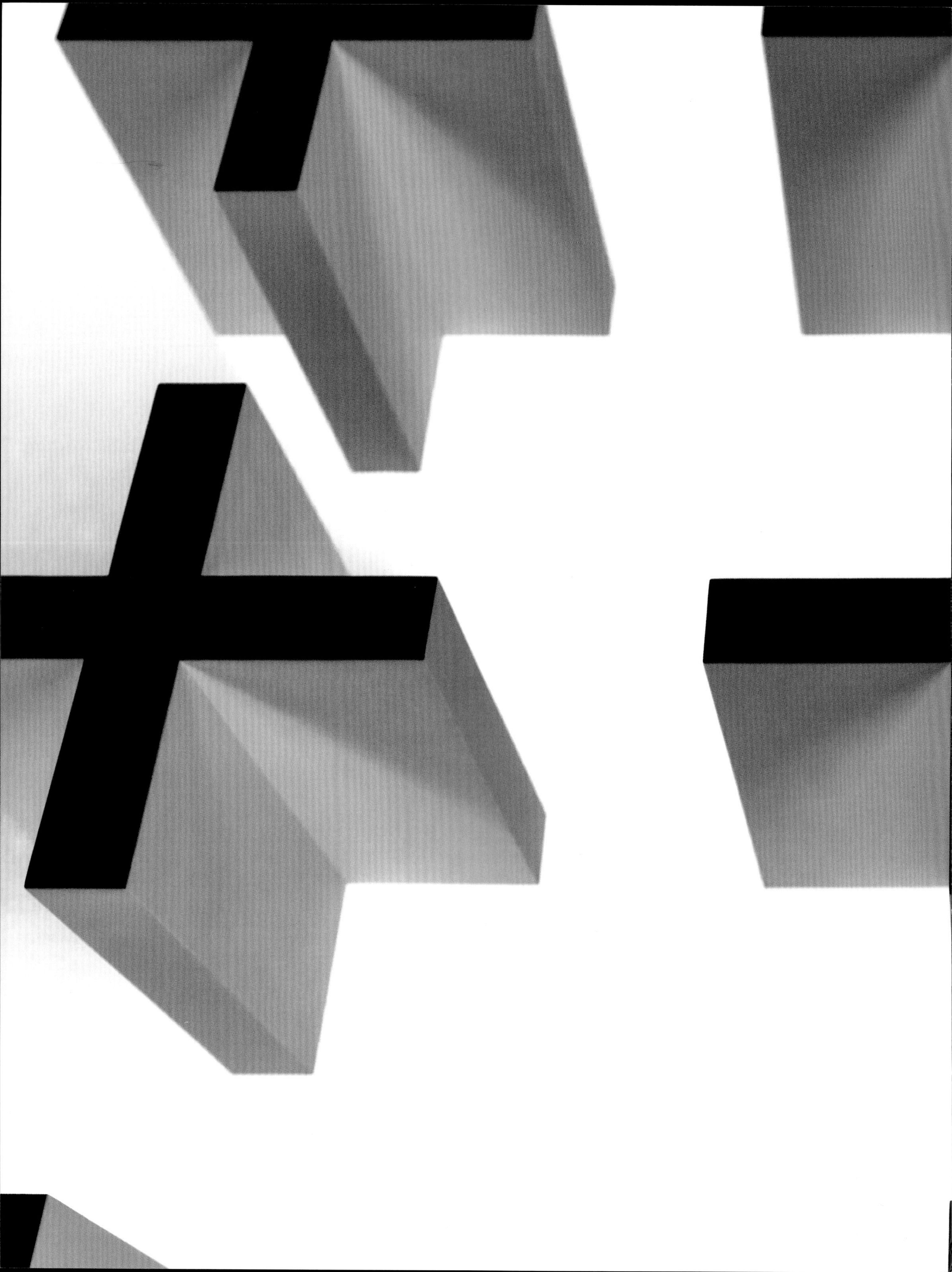